Arndt Beiderwieden, Michael Wagner

Kosten- und Leistungsrechnung

Ein kompetenzorientiertes Informations- und Arbeitsbuch

4. Auflage

Bestellnummer 36472

Bildungsverlag EINS
westermann

Die in diesem Produkt gemachten Angaben zu Unternehmen (Namen, Internet- und E-Mail-Adressen, Handelsregistereintragungen, Bankverbindungen, Steuer-, Telefon- und Faxnummern und alle weiteren Angaben) sind i. d. R. fiktiv, d. h., sie stehen in keinem Zusammenhang mit einem real existierenden Unternehmen in der dargestellten oder einer ähnlichen Form. Dies gilt auch für alle Kunden, Lieferanten und sonstigen Geschäftspartner der Unternehmen wie z. B. Kreditinstitute, Versicherungsunternehmen und andere Dienstleistungsunternehmen. Ausschließlich zum Zwecke der Authentizität werden die Namen real existierender Unternehmen und z. B. im Fall von Kreditinstituten auch deren IBANs und BICs verwendet.

Die in diesem Werk aufgeführten Internetadressen sind auf dem Stand zum Zeitpunkt der Drucklegung. Die ständige Aktualität der Adressen kann vonseiten des Verlages nicht gewährleistet werden. Darüber hinaus übernimmt der Verlag keine Verantwortung für die Inhalte dieser Seiten.

service@bv-1.de
www.bildungsverlag1.de

Bildungsverlag EINS GmbH
Ettore-Bugatti-Straße 6-14, 51149 Köln

ISBN 978-3-427-**36472**-6

westermann GRUPPE

Vorwort

Liebe Schülerinnen und Schüler,
zunächst möchten wir Ihnen einige Fragen beantworten, die sich zu diesem Buch stellen:

Was ist Kosten- und Leistungsrechnung?

Die Kosten- und Leistungsrechnung (KLR) gehört neben der Finanzbuchhaltung (Fibu) zum betrieblichen Rechnungswesen. Die erforderlichen Zahlen bezieht die Kosten- und Leistungsrechnung aus der Finanzbuchhaltung. Doch während diese ihre Bilanz und ihre Gewinn- und Verlustrechnung für Dritte erstellt (insbesondere das Finanzamt und die Unternehmenseigentümer), dient die Kosten- und Leistungsrechnung der innerbetrieblichen Planung, Steuerung und Kontrolle. Dazu wird untersucht, welche Kosten auf die gefertigten Produkte entfallen und ob die einzelnen betrieblichen Bereiche wirtschaftlich arbeiten. Die zuständige Abteilung nennen viele Betriebe „Controlling“.

Wie arbeitet man mit diesem Buch?

- Schauen Sie zu Stundenbeginn bitte stets in das **Inhaltsverzeichnis**. Es hilft Ihnen, sich zu orientieren, Zusammenhänge zu verstehen und die Übersicht über das Ganze zu behalten.
- Bevor Sie mit der Erarbeitung beginnen, lesen Sie bitte die blau hinterlegten **Infotexte** sorgfältig durch, diese liefern das erforderliche Fachwissen. Sofern Sie Begriffe suchen, nutzen Sie bitte auch das **Glossar** und das **Sachwortverzeichnis** am Ende des Buches.
- Am Ende jedes Kapitels finden Sie im grün hinterlegten Abschnitt „**Kompaktwissen**“ Begriffsübersichten und Formelsammlungen. Diese helfen Ihnen bei der Vorbereitung von Klausuren und Prüfungen.
- Irren ist menschlich. Deshalb verwenden Sie bitte für die Arbeit mit diesem Buch einen **weichen Bleistift** (wir empfehlen einen Druckbleistift mit 0,7-B-Mine) und ein **Radiergummi**. So können Sie Fehler schnell und sauber korrigieren und behalten immer die Übersicht.
- Nutzen Sie bitte auch die **digitalen Materialien**, die auf der Internetseite des Bildungsverlag EINS unter BuchPlusWeb zu finden sind. Den Zugang finden Sie ganz vorn im Buch. Web
- Prüfen Sie Ihre persönlichen Lernfortschritte mit der **Kann-Liste** (Seite 126 f.).

Welche Vorkenntnisse benötigen Sie?

Ihnen sollten die Grundlagen der Finanzbuchhaltung (vor allem die Gewinn- und Verlustrechnung) bekannt sein. Darüber hinaus sollten Sie die Dreisatz- und Prozentrechnung beherrschen, zu der Sie viele Übungen im Internet finden.

Welche Titel gibt es noch in dieser Reihe?

Weitere Titel der Reihe „Ökonomische Kompetenz“: Marketing, Beschaffung, Investition und Finanzierung, Personalwirtschaft, Schlüsselkompetenzen

Danke schön!

Wir möchten uns an dieser Stelle bei allen Personen bedanken, welche uns bei der Entwicklung dieses Buches unterstützt haben, insbesondere bei den Experten aus den Industriebetrieben im Landkreis Osterholz-Scharmbeck sowie bei den Kolleginnen und Kollegen, die das Konzept in ihren Klassen getestet haben. Wir freuen uns jederzeit über Anregungen und Kritik, die Sie uns über den Verlag zukommen lassen können.

Ihre Autoren

Inhaltsverzeichnis

E Kostenträgerrechnung als Teilkostenrechnung 76

F Prozesskostenrechnung 93

G Plankostenrechnung 107

A Die Crome KG

1 Die Crome KG – Zahlen und Fakten

Jürgen Crome, Gründer des Unternehmens

Die Crome KG ist ein Möbelhersteller mit Sitz in Stuttgart. Das Unternehmen beschäftigt 26 Mitarbeiter/-innen und erwirtschaftete im letzten Geschäftsjahr einen Jahresumsatz in Höhe von 2,9 Mio. €. Das Unternehmen hat nach seiner Gründung im Jahr 1967 zunächst alle Arten von Wohn- und Büromöbeln hergestellt und sich erst in den letzten Jahren auf die Herstellung von ergonomischen Büroschreibtischen mit modernem Design spezialisiert. Diese Schreibtische unterstützen durch mehrere konstruktive Merkmale, wie z. B. patentierte Mechaniken zur Verstellbarkeit des Neigungswinkels, die körpergerechte Haltung bei Arbeiten im Büro. Die Preise der Produkte, die stets mit Vollholzplatten bestückt werden, bewegen sich im gehobenen Preissegment.

Über die Jahre haben sich drei grundlegende Produkttypen herauskristallisiert, die als Typ A, Typ B und Typ C bezeichnet werden. Diese drei Produkttypen werden dann Auftrag für Auftrag an individuelle Kundenwünsche hinsichtlich Holzart, Form, Maße sowie sonstiger gestalterischer Details angepasst. Gegenwärtig sind die meisten Kunden der Crome KG Wirtschaftsunternehmen, öffentliche Auftraggeber und Möbelgroßhändler, die Einzelstücke sowie Klein-, Mittel- oder Großserien in Auftrag geben.

Um die Kostensituation planen, steuern und kontrollieren zu können, hat der Controller Herr Konrad den Betrieb in sogenannte „Kostenstellen“ eingeteilt: Fuhrpark, Material, Fertigungsplanung, die Fertigungshauptkostenstellen I, II und III, Verwaltung und Vertrieb:

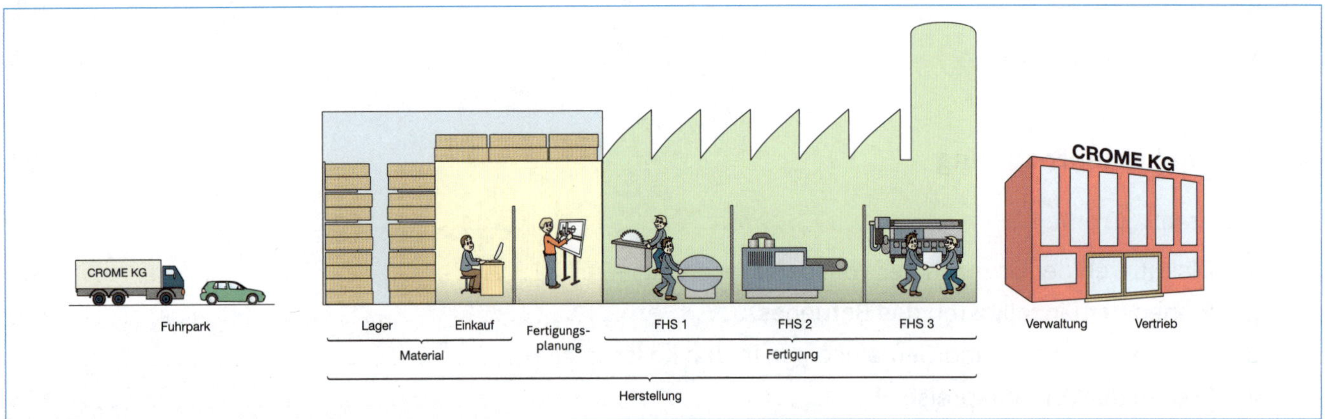

Kostenstellen der Crome KG

2 Eine Betriebsbesichtigung

Guten Morgen, mein Name ist Konrad, ich bin der Leiter des Rechnungswesens. Sie wollen also ein Praktikum in unserer Controllingabteilung machen? Wenn Ihnen Zahlen liegen, ist der Beruf des Controllers spannend. Als Controller kennen Sie den Betrieb bald in- und auswendig. Behalten Sie Ihre Jacke ruhig an, wir machen jetzt erst einmal eine Betriebsbesichtigung, dann lernen Sie gleich unsere Kostenstellen kennen. Controller teilen Betriebe nämlich immer in Kostenstellen ein. Jetzt gehen wir erst mal runter auf unseren Parkplatz ...

Kostenstelle Fuhrpark

Das ist unser 7,5-Tonner, damit bringen wir unsere Schreibtische zu den Kunden. Bei der Auslieferung von Großserien schalten wir auch schon mal eine Spedition ein. Und hier ist unser neuer Golf, der wird von Mitarbeitern der Verwaltung und des Vertriebs benutzt. Wir haben unseren kleinen Fuhrpark als allgemeine Kostenstelle „Fuhrpark“ eingerichtet. Sie wird verantwortet von Herrn Poll, der die Fahrzeuge betreut. „Allgemein“ übrigens deshalb, weil diese Fahrzeuge von allen Kostenstellen des Betriebes genutzt werden können. *(Wir betreten eine große Halle durch eine Tür in einem Tor.)*

Kostenstelle Material

Wir Kostenrechner fassen das Lager und die Einkaufsabteilung zu einer Hauptkostenstelle „Material“ zusammen. Das ist unser **Lager**. Hier wird das Fertigungsmaterial angeliefert, also das ganze Holz, die Beschläge und Mechaniken sowie die Hilfsstoffe, das sind bei uns vor allem Leim, Schrauben, Nägel usw. Das ist Herr Kruse, unser Lagermeister. Er nimmt die Lieferungen an, prüft die Lieferscheine und lagert alles ein. Wenn Sie gut sind, können Sie bald riechen, welche Holzarten vorrätig sind. Das da ist Kiefer, das Ahorn, das ist Buchenholz und dort drüben sehen Sie Eiche. Eiche ist wieder schwer im Kommen. Diese dicken Bretter nennt man Bohlen, die kommen direkt aus dem Sägewerk. Lassen Sie liegen, ist zu schwer. Die fertigen Tische werden, bis sie zum Kunden gebracht werden, dort vorn gelagert. *(Wir laufen durch einen kurzen Flur und betreten ein Büro.)*

Wir kommen nun in die Abteilung **Einkauf**. Frau Hustedt kümmert sich hier um die Beschaffung: Hier werden Lieferanten gesucht, Anfragen geschrieben, Angebote verglichen und Bestellungen aufgegeben, um uns mit den nötigen Werkstoffen zu versorgen. *(Wir kommen in ein weiteres Büro.)*

Kostenstelle Fertigungsplanung

Hier in der Fertigungsplanung werden unsere Möbel entworfen und konstruiert, damit unsere Aufträge in der geplanten Zeit erfolgreich gefertigt werden können. Die hier erstellten Unterlagen werden in allen Bereichen der Fertigung benötigt. Wie Sie sehen, wird das heute auch alles mit dem Computer gemacht. Wir nennen die Fertigungsplanung „Hilfskostenstelle“, da sie ausschließlich einer Hauptkostenstelle, nämlich der Fertigung, zuarbeitet. *(Wir betreten nun eine Halle mit Maschinenlärm.)*

Kostenstelle Fertigung

Hier sehen Sie unsere Fertigung, unsere größte Kostenstelle, hier wird noch richtig gearbeitet. Wir haben unsere Fertigung in drei „Fertigungshauptkostenstellen“ unterteilt. Wir befinden uns in der **Fertigungshauptkostenstelle I**. Früher gab es nur diese Halle, da haben wir noch alle Arten von Möbeln gefertigt. Einige Maschinen sind daher schon sehr lange im Einsatz. Mit der großen Kreissäge werden die Bohlen zunächst der Länge nach aufgesägt, dann auf dem Abrichter an einer Kante glatt gehobelt und dann verleimt. Man muss das Holz immer erst verleimen, bevor man es verarbeitet, sonst wirft es sich und platzt auf. Mit dem Abrichter wird das verleimte Holz dann über die ganze Fläche glatt gehobelt und dann mit dem Dickenhobel dort vorn auf die gewünschte Holzstärke gebracht. Und dort drüben sehen Sie den Bandschleifer. Damit können Sie große Flächen in wenigen Minuten abschleifen. In dieser Kostenstelle fallen 70 % unserer Löhne an. Löhne bekommen übrigens all diejenigen, die ihre Hand am Produkt haben, wie wir sagen, also die Mitarbeiter in der Produktion. Alle anderen Mitarbeiter bekommen ein Gehalt.

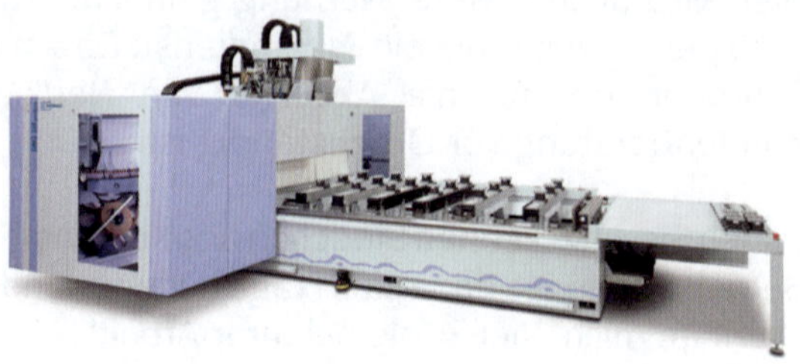

Nun kommen wir zu unserem ganzen Stolz: ein CNC-Fräszentrum, 40 Kubikmeter Hightech. Da könnte man drin wohnen. Mit eigenem Förderband und verschiedenen Teilaggregaten. Damit können Sie alles machen, vor allem fräsen. Da sind aber auch noch Hobel- und Sägeaggregate mit drin. Alles computergesteuert. Kostet etwa eine Million Euro. Wir führen diesen Maschinenplatz deshalb als eigene Kostenstelle, das ist unsere **Fertigungshauptkostenstelle II**.

So, hier geht es etwas leiser zu. Das ist unsere **Fertigungshauptkostenstelle III**: Die große Maschine, die Sie dort sehen, ist eine Lackiermaschine, die lackiert die fertigen Einzelteile vollautomatisch, sie werden auf einem Förderband durchgefahren und kommen fix und fertig wieder heraus. Und wenn der Lack durchgetrocknet ist, werden die Teile zusammengebaut und die Mechaniken und Beschläge angebracht. Das nennt man „Montage“. Hier fallen 30 % der Löhne an. *(Wir verlassen die Produktionshalle und kommen in einen Bürotrakt.)*

Kostenstelle Verwaltung

Das ist jetzt das Verwaltungsgebäude, hier ist es auch wieder wärmer. Da sehen Sie das Büro vom Chef, aber da können wir jetzt nicht stören, er hat eine Besprechung. Und dort links ist unsere kleine Personalabteilung. Unsere Frau Schröder macht da vor allem die Personalverwaltung – also Einstellungsformalitäten, Lohnabrechnungen, Urlaubsplanung usw.

So, und nun betreten wir die Welt der Zahlen, die Abteilung **Rechnungswesen** mit den beiden Unterabteilungen Finanzbuchhaltung und Controlling.

Hier in der **Finanzbuchhaltung**, kurz „Fibu", werden alle sogenannten Geschäftsfälle, also Ein- und Verkäufe, Zahlungsein- und -ausgänge, Wertverluste, Lagerentnahmen usw. erfasst und auf Konten gebucht. Hier gilt: Keine Buchung ohne Beleg! Und am Jahresende wird hier unsere Bilanz erstellt. Alle Geschäftsfälle, die den Gewinn des Unternehmens mindern oder erhöhen, werden auf „Erfolgskonten" als „Aufwendungen" oder „Erträge" gebucht, die im „GuV-Konto", also dem Gewinn- und Verlustkonto, gegenübergestellt werden. Für die Gewinnermittlung in der Fibu spielt es dabei überhaupt keine Rolle, ob diese Aufwendungen bzw. Erträge etwas mit unserem Betriebszweck, also der Herstellung von Büroschreibtischen zu tun haben, oder nicht. Die Fibu wird auch als externes Rechnungswesen bezeichnet, da sie die Außenwelt über das Unternehmen informiert, vor allem das Finanzamt. Deshalb müssen auch die gesetzlichen Vorschriften beachtet werden, zum Beispiel das Einkommensteuergesetz.

Und jetzt kommen wir zu Ihrem Arbeitsplatz: In diesem Büro werden Sie die nächsten Wochen verbringen. Das hier ist die Abteilung **Controlling**, zuständig für die Kosten- und Leistungsrechnung, kurz „KLR". Anders als die Fibu betreiben wir hier eine rein interne Rechnung, deshalb gelten für uns auch keine gesetzlichen Vorschriften. Unsere Kernaufgaben sind die Ermittlung unserer Kosten, die Kalkulation von Preisen unserer Produkte und auch die Kontrolle unserer Wirtschaftlichkeit. Unsere obersten Prinzipien sind hier Genauigkeit und Vergleichbarkeit. Unsere Zahlen erhalten wir aus der Fibu: Wir bekommen die Aufwendungen und Erträge aus dem GuV-Konto, die wir erst einmal bereinigen, korrigieren und ergänzen müssen. Denn uns interessiert ausschließlich unser betriebliches Kerngeschäft, der sogenannte „Betriebszweck" – also alles, was mit der Herstellung von Büroschreibtischen zu tun hat – von der Beschaffung über die Produktion bis zum Absatz der Produkte. Wir in der KLR sprechen daher nicht von „Aufwendungen" und „Erträgen", sondern von „Kosten" und „Leistungen". Die Differenz aus Kosten und Leistungen nennt man übrigens „Betriebsergebnis". Lange Rede, kurzer Sinn: Die Fibu ermittelt den Gewinn bzw. Verlust des gesamten Unternehmens, die KLR ermittelt das Betriebsergebnis nur für das Kerngeschäft, also den Betrieb. *(Wir gehen über eine Treppe in das erste Stockwerk.)*

Kostenstelle Vertrieb

So, und das ist unsere letzte Kostenstelle: der Vertrieb. Da haben wir einmal Frau Klawudtke im Innendienst, die die gesamte Auftragsbearbeitung abwickelt, angefangen von der telefonischen Kundenberatung über das Verfassen von Angeboten bis hin zum Versenden der Auftragsbestätigungen. Hier wird auch unsere Werbung gemacht. Zu unserem Vertrieb gehört weiterhin ein Außendienst: Das macht unser Herr Schröder, der für die Akquise[1] von Neukunden und die Kundenberatung vor Ort zuständig ist.

Sehen Sie, jetzt kennen Sie schon alle Kostenstellen in unserem Betrieb. Wenn Sie dazu eine Frage haben, wenden Sie sich jederzeit an mich. Viel Erfolg bei Ihrer Arbeit!

1 Erwerb, Anschaffung, Kundenwerbung

ARBEITSAUFTRÄGE

1. Kreuzen Sie die richtige Kostenstelle der Crome KG an:

In dieser Kostenstelle ...	Fuhr-park	Mate-rial	Ferti-gungs-planung	Fertigungshaupt-kostenstelle FHS I	FHS II	FHS III	Verwal-tung	Ver-trieb
a) ... steht der Lackierautomat,								
b) ... fallen 70 % unserer Lohnkosten an,								
c) ... wird nur der Fertigung zugearbeitet,								
d) ... werden Beschläge eingekauft,								
e) ... werden Werbungen gestaltet,								
f) ... werden Rechnungen gebucht,								
g) ... arbeitet kein Mensch,								
h) ... stehen viele alte Maschinen,								
i) ... werden Preise von Lieferanten verglichen,								
j) ... fallen 30 % unserer Lohnkosten an,								
k) ... lagert das Holz,								
l) ... werden Einzelteile zusammengebaut,								
m) ... werden unsere Verkaufspreise kalkuliert,								
n) ... befinden sich Betriebsmittel, die von allen Kostenstellen genutzt werden,								
o) ... werden Gehälter berechnet,								
p) ... werden Kunden beraten.								

2. Kreuzen Sie den zugehörigen Bereich des Rechnungswesens an:

	Fibu	KLR
1 Oberstes Prinzip ist Genauigkeit und Vergleichbarkeit.		
2 Die Ergebnisse werden ggf. veröffentlicht (externes Rechnungswesen).		
3 Berechnen von Verkaufspreisen		
4 Hier wird der Unternehmensgewinn bzw. -verlust ermittelt.		
5 Erteilen von Überweisungsaufträgen an die Bank		
6 Die Zahlen beziehen sich auf das ganze Unternehmen.		
7 Die Berechnungen berücksichtigen gesetzliche Vorschriften.		
8 Die Zahlen beziehen sich nur auf den Betrieb.		
9 Kontrolle der Wirtschaftlichkeit		
10 Erstellen der Bilanz		
11 Erfassen der Aufwendungen und Erträge		
12 Gegenüberstellen von Umsatzerlösen und Kosten einer Abrechnungsperiode		
13 Analyse und Kontrolle betrieblicher Bereiche		
14 Berechnen, ob sich die Annahme eines Auftrags lohnt.		
15 Hier wird das Betriebsergebnis ermittelt.		
16 Die Zahlen sind nur für interne Zwecke bestimmt (internes Rechnungswesen).		

B Kostenartenrechnung

Praxisfall „Crome KG“

1 Abgrenzen der Kosten und Leistungen gegenüber Aufwendungen und Erträgen

Herr Crome freut sich: Auch im Monat Juli hat sein Unternehmen wieder einen Gewinn erwirtschaftet. Offensichtlich arbeitet sein Betrieb auch in schlechten Zeiten sehr erfolgreich. Der Controller, Herr Konrad, wendet jedoch ein, dass der Unternehmensgewinn wenig über den betrieblichen Erfolg aussagt. Vielmehr müsse man die „neutralen“ Aufwendungen und Erträge aus dem Gewinn herausrechnen und außerdem einige Aufwandsposten korrigieren und ergänzen. Dann erst ließe sich beurteilen, ob der Betrieb tatsächlich erfolgreich sei.

1.1 Aussondern neutraler Aufwendungen und Erträge

Herr Crome möchte für den Monat Juli wissen, welche Aufwendungen und Erträge aus dem GuV-Konto „Juli“ neutral sind und somit nicht in die KLR übernommen werden dürfen.

GuV-Konto Juli 20.. (Geschäftsjahr)					
Soll			**Haben**		
6000	Aufwendungen für Rohstoffe	79.200,00	5000	Umsatzerlöse für eigene Erzeugnisse	200.444,00
6010	Aufwendungen für Vorprodukte/ Fremdbauteile	11.880,00	5080	Erlöse aus Vermietung/ Verpachtung	7.200,00
6020	Aufwendungen für Hilfsstoffe	7.524,00	5500	Erträge aus Beteiligungen	4.200,00
6030	Aufwendungen für Betriebsstoffe	9.504,00	5710	Zinserträge	2.500,00
6160	Fremdinstandhaltung	1.492,00			
6200	Löhne	56.925,00			
6300	Gehälter	18.975,00			
6520	Abschreibungen auf Sachanlagen	9.945,00			
6710	Leasingaufwendungen	4.250,00			
6800	Büromaterial	1.139,00			
6990	Periodenfremde Aufwendungen	1.267,00			
7400	Abschreibungen auf Finanzanlagen	298,00			
7510	Zinsaufwendungen	2.136,00			
3000	Eigenkapital (Gewinn)	9.809,00			
		214.344,00			**214.344,00**

ARBEITSAUFTRÄGE

1. Erfassen Sie in folgender Tabelle für den Monat Juli alle neutralen Aufwendungen und Erträge aus dem GuV-Konto des Monats Juli (Geschäftsjahr) und kreuzen Sie mithilfe des nachfolgenden Infotextes an, um welche Art von neutralem Aufwand bzw. Ertrag es sich jeweils handelt. Ermitteln und interpretieren Sie die Differenz.

Kto.-Nr.	Kontobezeichnung	betriebs-fremd	perioden-fremd	außer-ordentlich	Aufwand (€)	Ertrag (€)
				Summen		
				Saldo		

2. Wie hoch würde der Gewinn des Unternehmens im Monat Juli ausfallen, wenn neutrale Aufwendungen und Erträge vollständig unberücksichtigt blieben?

3. Beurteilen Sie die Situation der Crome KG.

Infotext: neutrale Aufwendungen und Erträge

Die Finanzbuchhaltung (im Folgenden „Fibu") erfasst im GuV-Konto alle Aufwendungen und Erträge des Unternehmens, um den Gewinn bzw. Verlust zu ermitteln. Für die Gewinnermittlung spielt es dabei keine Rolle, um welche Art von Aufwendung oder Ertrag es sich handelt. Verkauft beispielsweise ein Werkzeughersteller eine Lagerhalle über Buchwert, so erhöht dieser Ertrag seinen Gewinn.

Die Kosten- und Leistungsrechnung (im Folgenden „KLR") verfolgt dagegen das Ziel, das Betriebsergebnis zu ermitteln, welches nur die Leistungsfähigkeit des betrieblichen Kerngeschäfts („Betriebszweck") in der betrachteten Abrechnungsperiode erfasst. Dazu greift sie zwar auf die Aufwendungen und Erträge der Fibu zurück, filtert aber solche Aufwendungen und Erträge heraus, welche ...

- ... **betriebsfremd** sind, d. h. nicht dem eigentlichen Betriebszweck dienen,
- ... **periodenfremd** sind, d. h. in einer anderen Abrechnungsperiode angefallen sind,
- ... **außerordentlich** sind, d. h. nicht typisch für den gewöhnlichen Geschäftsbetrieb sind.

Folgende neutrale Aufwendungen und Erträge lassen sich für einen Industriebetrieb unterscheiden:

	Beispiele für neutrale Aufwendungen	Beispiele für neutrale Erträge
betriebsfremd	▪ Instandhaltung unternehmenseigener Immobilien, die nicht betrieblich genutzt werden ▪ Abschreibungen auf Finanzanlagen ▪ Abschreibungen auf nicht betrieblich genutztes Vermögen	▪ Erträge aus Vermietung und Verpachtung ▪ Zinserträge ▪ Erträge aus dem Abgang von Vermögensgegenständen
periodenfremd	▪ Nachforderungen des Finanzamtes ▪ Lohnnachzahlungen aus Vorperioden ▪ Provisionsnachzahlungen aus Vorperioden ▪ Garantieverpflichtungen aus Vorperioden	▪ Steuererstattungen aus Vorperioden ▪ Eingang bereits abgeschriebener Forderungen ▪ Auflösung von Rückstellungen
außerordentlich	▪ nicht versicherte Schadensfälle durch Feuer, Sturm, Wasser, Fehlbedienung von Maschinen usw. ▪ Verlust aus Insolvenz eines Großkunden ▪ Bildung von Rückstellungen für erwartete Prozesskosten	▪ Erträge aus Gläubigerverzicht (selten) ▪ Steuererlass (selten)

Betriebsfremde, periodenfremde und außerordentliche Aufwendungen und Erträge bezeichnet man als „neutrale Aufwendungen und Erträge", da sie nichts über die eigentliche Leistungsfähigkeit des Betriebes in der betrachteten Abrechnungsperiode aussagen. Sie bleiben deshalb in der KLR unberücksichtigt.

Merke: Neutrale Aufwendungen und Erträge aus der Fibu werden nicht in die KLR übernommen und müssen deshalb in der Abgrenzungsrechnung ausgesondert werden.

1.2 Korrigieren und Ergänzen von Aufwendungen durch kalkulatorische Kosten

Herr Crome möchte seine Kosten mit denen der Vorperioden, aber auch mit der Kostensituation anderer Betriebe vergleichen können. Deshalb rechnet auch die Crome KG mit sogenannten „kalkulatorischen Kosten“. Lediglich kalkulatorische Werkstoffkosten und kalkulatorische Wagniskosten kommen bei der Crome KG nicht zum Einsatz.

ARBEITSAUFTRAG

Ermitteln Sie mithilfe des nachfolgenden Infotextes folgende kalkulatorische Kosten.

1. **Kalkulatorische Abschreibungen:** Ermitteln Sie in folgender Tabelle die kalkulatorischen Abschreibungen für den Monat Juli (lineares Abschreibungsverfahren) und erläutern Sie Ihr Ergebnis.

Anlagendatei mit Abschreibungen Juli 20.. (Geschäftsjahr)								
			Bilanzmäßige Abschreibungen			Kalkulatorische Abschreibungen		
Nr.	Anlagegut	aktuelles Nutzungsjahr	Anschaffungswert	Nutzungsdauer laut AfA-Tabelle (in Jahren)	Abschreibungsbetrag	Wiederbeschaffungswert	geschätzte Nutzungsdauer (in Jahren)	Abschreibungsbetrag
1	Kreissäge A 66	6	43.680,00	14	260,00	48.000,00	10	
2	Abrichtmaschine	8	29.952,00	13	192,00	32.400,00	10	
3	Dickenhobel	8	36.096,00	16	188,00	38.880,00	12	
4	Schleifmaschine	10	45.000,00	15	250,00	46.080,00	12	
5	CNC-Fräszentrum	4	949.500,00	15	5.275,00	1.008.000,00	12	
6	Lackierautomat	7	446.160,00	13	2.860,00	498.000,00	10	
7	VW Golf	1	18.000,00	6	250,00	20.160,00	4	
8	Mercedes Atego	4	72.360,00	9	670,00	75.600,00	7	
	Summen				**9.945,00**			

Kalkulatorische Abschreibungen Juli: ______________________

2. **Kalkulatorische Zinsen:** Das betriebsnotwendige Anlagevermögen der Crome KG beläuft sich auf 865.240,00 €, das betriebsnotwendige Umlaufvermögen auf 52.760,00 €. Im Laufe des Geschäftsjahres wurden Kundenanzahlungen in Höhe von 12.000,00 € geleistet. Für langfristige Kredite verlangen die Banken durchschnittlich 8,00 % Zinsen. Ermitteln Sie die kalkulatorischen Zinsen für den Monat Juli und erläutern Sie Ihr Ergebnis.

Kalkulatorische Zinsen Juli: ______________________

3. **Kalkulatorischer Unternehmerlohn:** Einer Untersuchung der Kreishandwerkerschaft Schwäbisch Hall zufolge bezieht ein Geschäftsführer einer GmbH mit einer vergleichbaren Tätigkeit ein Jahresgehalt von 146.400,00 €. Ermitteln Sie den kalkulatorischen Unternehmerlohn für Herrn Crome für den Monat Juli und erläutern Sie Ihr Ergebnis.

Kalkulatorischer Unternehmerlohn Juli: ______________________

Infotext: Kalkulatorische Kosten

Grundkosten, Anderskosten und Zusatzkosten

Sofern Aufwendungen aus der Fibu die betriebliche Kostensituation widerspiegeln, können sie unverändert in die KLR übernommen werden. Typische Beispiele dafür sind Aufwendungen für Löhne, Gehälter, Sozialabgaben, Fremdinstandhaltung oder Büromaterial. Die KLR bezeichnet solche aufwandsgleiche Kosten als „**Grundkosten**“.

Einige Aufwandspositionen aus der Fibu stellen jedoch die betriebliche Kostensituation nicht realistisch oder nur unvollständig dar und werden deshalb in der KLR vieler Betriebe noch korrigiert („Anderskosten“) und auch ergänzt („Zusatzkosten“):

- **Anderskosten** der KLR steht ein Aufwand in anderer Höhe in der Fibu gegenüber.
- **Zusatzkosten** der KLR steht kein Aufwand in der Fibu gegenüber.

Diese korrigierten und ergänzten Kosten bezeichnet man als „kalkulatorische Kosten“. Im Folgenden werden die Punkte kalkulatorische Abschreibungen, kalkulatorische Zinsen und kalkulatorischer Unternehmerlohn vertieft. Weitere kalkulatorische Kosten werden im „Kompaktwissen“ am Kapitelende vorgestellt.

Kalkulatorische Abschreibungen

Abschreibungen erfassen den Wertverlust des Anlagevermögens, welcher vor allem durch Gebrauch, Verschleiß, technische bzw. wirtschaftliche Veralterung und natürliche Verwitterung entsteht. Kalkulatorische Abschreibungen werden folgendermaßen berechnet:

- **Lineare (gleichbleibende) Abschreibung**: Diese verteilt den Wertverlust gleichmäßig auf die gesamte Nutzungsdauer, indem der Wiederbeschaffungswert des Anlagegutes durch die Nutzungsdauer geteilt wird. Die Nutzungsdauer muss geschätzt werden.

  Beispiel: Der Wiederbeschaffungswert einer CNC-Drehmaschine beläuft sich auf 480.000,00 € und ist voraussichtlich acht Jahre im Betrieb. Dann ergibt sich ein jährlicher Abschreibungsbetrag in Höhe von 60.000,00 €. Diese Methode ist in der Praxis der KLR am weitesten verbreitet.

- **Leistungsabschreibung (Abschreibung nach Leistungseinheiten):** Der Abschreibungsbetrag ist abhängig davon, in welchem Maße das Anlagegut genutzt wird. Die verbrauchten Leistungseinheiten werden also regelmäßig gemessen bzw. abgelesen. Anschließend wird der Anschaffungs- bzw. Wiederbeschaffungswert durch die voraussichtliche Anzahl der Leistungseinheiten geteilt und mit der verbrauchten Anzahl multipliziert.

  Beispiel: Der Wiederbeschaffungswert eines Lkw beträgt 80.000,00 € und hat eine Gesamtlaufleistung von voraussichtlich 500.000 km. Ist das Fahrzeug in einem Jahr z. B. 40.000 km gefahren, so ergibt sich ein Abschreibungsbetrag in Höhe von 6.400,00 €.

Die Berechnung der kalkulatorischen Abschreibungen der KLR in der betrieblichen Praxis weicht in folgenden Punkten von den Abschreibungen der Fibu, die an gesetzliche Vorschriften gebunden ist, ab:

	Finanzbuchhaltung	Kosten- und Leistungsrechnung
Bewertung des Anlagegutes	Anschaffungs- bzw. Herstellungskosten	aktueller Wiederbeschaffungswert
Nutzungsdauer des Anlagegutes	Die Nutzungsdauer wird in der AfA-Tabelle des Bundesministeriums für Finanzen vorgeschrieben.	Die Nutzungsdauer wird betriebsintern auf der Grundlage von Erfahrungswerten festgelegt.
Restwert nach vollständiger Abschreibung	keine Abschreibung mehr möglich, lediglich Erfassung mit 1,00 € Erinnerungswert auf dem Bestandskonto	kontinuierliche Fortsetzung der Abschreibung für den Zeitraum der Nutzung

Merke: Kalkulatorische Abschreibungen sind Anderskosten.

Kalkulatorische Zinsen

Jeder Betrieb braucht Kapital, um sein Anlage- und Umlaufvermögen zu finanzieren. Doch Kapital gibt es nicht umsonst, denn jeder Kapitalgeber verlangt Zinsen als „Preis“ für bereitgestelltes Kapital. Zinsen sind also Kosten, die – wie alle anderen Kosten auch – in die Verkaufspreise einkalkuliert werden müssen. Nun könnte die KLR einfach die Position „Zinsaufwendungen“ aus dem GuV-Konto der Fibu übernehmen, doch das ist mit drei Problemen verbunden:

- **Problem Nr. 1:** Das GuV-Konto erfasst Zinsaufwendungen nur für das Fremdkapital (vor allem Bankdarlehen), nicht aber für das Eigenkapital. Doch auch der Unternehmer verlangt eine angemessene Verzinsung seines eigenen Kapitals, schließlich könnte er sein Geld ja auch woanders anlegen. ***Lösung der KLR:*** *Zur Berechnung der kalkulatorischen Zinsen wird die Trennung zwischen Fremd- und Eigenkapital vollständig aufgehoben.*
- **Problem Nr. 2:** Die Zinsaufwendungen aus dem GuV-Konto beziehen sich auf das gesamte Fremdkapital des Unternehmens – und damit auch auf solche Kredite, welche nichts mit dem Betriebszweck zu tun haben (z. B. Kredite für den Kauf von Wertpapieren durch einen Industriebetrieb). ***Lösung der KLR:*** *Betrachtet wird ausschließlich das „betriebsnotwendige“ Kapital.*
- **Problem Nr. 3:** Die Höhe der Zinsaufwendungen aus dem GuV-Konto ist vom aktuellen Zinssatz der jeweiligen Bank abhängig. Kalkulatorische Kosten stellen aber eine langfristige Planungsgrundlage für die Preiskalkulation des Betriebs dar und sollen daher nicht schwanken. Außerdem erschweren unterschiedliche Fremdkapitalzinsen die Vergleichbarkeit von Betrieben bzw. Betriebsteilen. ***Lösung der KLR:*** *Die KLR legt betriebsintern nur einen einzigen „kalkulatorischen Zinssatz“ fest, der sich i. d. R. am langfristigen Kapitalmarktzins orientiert.*

Fassen wir zusammen: Die KLR betrachtet nur das betriebsnotwendige Kapital, unabhängig davon, wem es gehört, und multipliziert es mit dem hausintern ermittelten kalkulatorischen Zinssatz. Auf Grundlage dieser Überlegungen werden die kalkulatorischen Zinsen für den ganzen Betrieb folgendermaßen berechnet:

  betriebsnotwendiges Anlagevermögen[1]
\+ betriebsnotwendiges Umlaufvermögen[2]
= betriebsnotwendiges Vermögen
– Abzugskapital (zinslos überlassenes Fremdkapital)[3]
= betriebsnotwendiges Kapital
· kalkulatorischer Zinssatz
= kalkulatorische Zinsen (pro Jahr)

Merke: Kalkulatorische Zinsen sind Anderskosten.[4]

Kalkulatorischer Unternehmerlohn

In Kapitalgesellschaften erhalten Geschäftsführer einer GmbH und Vorstandsmitglieder einer AG Gehälter, welche als Aufwendungen in der Fibu erfasst werden und damit den Gewinn mindern. In Einzelunternehmungen und Personengesellschaften (OHG, KG) erhalten die Inhaber bzw. Gesellschafter kein Gehalt, ihre Arbeitsleistung wird stattdessen aus dem Gewinn abgegolten. Der Vergleich des Gewinns einer GmbH und einer KG unter gleichen Rahmenbedingungen würde deshalb den Eindruck erwecken, die KG sei leistungsfähiger. Um die Vergleichbarkeit der Leistungsfähigkeit unabhängig von der Rechtsform zu gewährleisten, wird daher bei Personengesellschaften ein „kalkulatorischer Unternehmerlohn“ veranschlagt, welcher sich an durchschnittlichen Unternehmergehältern der Branche orientiert (Prinzip der Vergleichbarkeit). Außerdem muss der Unternehmer seine Arbeitsleistung auch als Kostenbestandteil in die Verkaufspreise einkalkulieren, damit er über die erwarteten Umsatzerlöse ein Entgelt für seine Arbeitskraft zurückerhält (Prinzip der Vollständigkeit).

Merke: Kalkulatorische Unternehmerlöhne sind Zusatzkosten.

1 Die Bewertung des abnutzbaren Anlagevermögens erfolgt nach dem Durchschnittsverfahren (Anschaffungswert : 2) oder dem Restwertverfahren (Buchwert in der Bilanz).

2 Die Bewertung erfolgt im Normalfall zu Durchschnittswerten (z. B. (Jahresanfangsbestand + Jahresendbestand) : 2)

3 Kundenanzahlungen, Lieferantenkredite ohne die Möglichkeit der Inanspruchnahme von Skonto

4 Dieser Merksatz entspricht der herrschenden Meinung. Der Auffassung, nur die kalkulatorische Zinsen auf das Fremdkapital seien Anderskosten und die kalkulatorischen Zinsen auf das Eigenkapital seien Zusatzkosten, wird hier nicht gefolgt.

1.3 Erfassen der Kosten und Leistungen in der Ergebnistabelle

Herr Crome möchte in einer übersichtlichen Aufstellung für den Monat Juli nachvollziehen, wie sich die Aufwendungen und Erträge von den Kosten und Leistungen abgrenzen. Zu diesem Zweck soll eine Ergebnistabelle erstellt werden, mit deren Hilfe Schritt für Schritt nachvollziehbar ist, wie sich aus den Aufwendungen und Erträgen des GuV-Kontos die Kosten und Leistungen der Crome KG ergeben.

ARBEITSAUFTRAG

Erstellen Sie die Ergebnistabelle für den Monat Juli mithilfe des GuV-Kontos, der von Ihnen ermittelten neutralen Aufwendungen und Erträge (⇒ S. 11) sowie den kalkulatorischen Kosten für den Monat Juli (⇒ S. 13). Interpretieren Sie anschließend Ihre Ergebnisse. Nehmen Sie dazu den nachfolgenden Infotext zu Hilfe.

GuV-Konto Juli 20.. (Geschäftsjahr)					
Soll			**Haben**		
6000	Aufwendungen für Rohstoffe	79.200,00	5000	Umsatzerlöse für eigene Erzeugnisse	200.444,00
6010	Aufwendungen für Vorprodukte/ Fremdbauteile	11.880,00	5080	Erlöse aus Vermietung/ Verpachtung	7.200,00
6020	Aufwendungen für Hilfsstoffe	7.524,00	5500	Erträge aus Beteiligungen	4.200,00
6030	Aufwendungen für Betriebsstoffe	9.504,00	5710	Zinserträge	2.500,00
6160	Fremdinstandhaltung	1.492,00			
6200	Löhne	56.925,00			
6300	Gehälter	18.975,00			
6520	Abschreibungen auf Sachanlagen	9.945,00			
6710	Leasingaufwendungen	4.250,00			
6800	Büromaterial	1.139,00			
6990	Periodenfremde Aufwendungen	1.267,00			
7400	Abschreibungen auf Finanzanlagen	298,00			
7510	Zinsaufwendungen	2.136,00			
3000	Eigenkapital (Gewinn)	9.809,00			
		214.344,00			**214.344,00**

Ergebnistabelle Juli 20.. (Geschäftsjahr)									
		Finanzbuchhaltung		Abgrenzungsrechnung				Kosten- und Leistungsrechnung	
		Ermittlung Unternehmens-ergebnis		Unternehmens-bezogene Abgrenzungen		Kosten-rechnerische Korrekturen		Ermittlung Betriebsergebnis	
Kto.-Nr.	Konto	Aufwen-dungen lt. Fibu	Erträge lt. Fibu	Neutrale Aufwen-dungen	Neutrale Erträge	Auf-wand lt. Fibu	Verrech-nete Kosten	Kosten	Leistun-gen
5000	Umsatzerlöse für eigene Erzeugnisse								
5080	Erlöse aus Vermie-tung/Verpachtung								
5500	Erträge aus Beteiligungen								
5710	Zinserträge								
6000	Aufwendungen für Rohstoffe								
6010	Aufwendungen für Vorprodukte/Fremdbauteile								
6020	Aufwendungen für Hilfsstoffe								
6030	Aufwendungen für Betriebsstoffe								
6160	Fremd-instandhaltung								
6200	Löhne								
6300	Gehälter								
6520	Abschreibungen auf Sachanlagen								
6710	Leasing-aufwendungen								
6800	Büromaterial								
6990	Periodenfremde Aufwendungen								
7400	Abschreibungen auf Finanzanlagen								
7510	Zinsaufwendungen								
	Zusatzkosten								
	Kalkulatorischer Unternehmerlohn								
	Summen								
	Salden (Ergebnisse)								

Infotext: Ergebnistabelle (Abgrenzungstabelle)

In der Ergebnistabelle werden die Kosten und Leistungen einer Abrechnungsperiode (Jahr, Quartal, Monat) von den Aufwendungen und Erträgen aus der Fibu abgegrenzt. Der sogenannte „Abgrenzungsbereich“ schlägt dabei eine Brücke von der Fibu zur KLR. Die Erstellung einer Ergebnistabelle erfolgt in vier Schritten:

Schritt 1: In einem ersten Schritt werden in der Spalte „Unternehmensbezogene Abgrenzungen“ alle neutralen Aufwendungen und Erträge erfasst und damit ausgesondert.

Schritt 2: In einem zweiten Schritt werden in der Spalte „Kostenrechnerische Korrekturen“ die kalkulatorischen „Anderskosten“ den Aufwendungen aus der Fibu gegenübergestellt und die kalkulatorischen „Zusatzkosten“ ergänzt. Diese sogenannten „verrechneten Kosten“ werden in die Spalte „Kosten- und Leistungsrechnung“ als Kosten übernommen.

Schritt 3: Alle übrigen Aufwendungen und Erträge werden unverändert als Zweckaufwand (Grundkosten) und Zweckertrag (Leistungen) übernommen.

Schritt 4: Schließlich werden alle Summen und Salden gebildet. Der Saldo der GuV ist der Erfolg des gesamten Unternehmens (Unternehmensergebnis), der Saldo der KLR ist der Erfolg der betrieblichen Tätigkeit (Betriebsergebnis) in der Abrechnungsperiode.

GuV-Konto Juli 20.. (Vorjahr)					
Soll			**Haben**		
6000	Aufwendungen für Rohstoffe	76.000,00	5000	Umsatzerlöse für eigene Erzeugnisse	235.000,00
6010	Aufwendungen für Vorprodukte/ Fremdbauteile	11.400,00	5080	Erlöse aus Vermietung/ Verpachtung	6.600,00
6020	Aufwendungen für Hilfsstoffe	7.000,00	5500	Erträge aus Beteiligungen	3.800,00
6030	Aufwendungen für Betriebsstoffe	9.000,00	5710	Zinserträge	2.300,00
6160	Fremdinstandhaltung	1.400,00			
6200	Löhne	60.000,00			
6300	Gehälter	18.500,00			
6520	Abschreibungen auf Sachanlagen	9.945,00			
6710	Leasingaufwendungen	4.250,00			
6800	Büromaterial	1.250,00			
6990	Periodenfremde Aufwendungen	500,00			
7400	Abschreibungen auf Finanzanlagen	900,00			
7510	Zinsaufwendungen	2.000,00			
3000	Eigenkapital (Gewinn)	45.555,00			
		247.700,00			**247.700,00**

Ergebnistabelle: Siehe Folgeseite

Ergebnistabelle Juli 20.. (Vorjahr)									
		Finanzbuchhaltung		Abgrenzungsrechnung				Kosten- und Leistungsrechnung	
		Ermittlung Unternehmens-ergebnis		Unternehmens-bezogene Abgrenzungen		Kostenrechnerische Korrekturen		Ermittlung Betriebsergebnis	
Kto.-Nr.	Konto	Aufwen-dungen lt. Fibu	Erträge lt. Fibu	Neutrale Aufwen-dungen	Neutrale Erträge	Aufwand lt. Fibu	Verrech-nete Kosten	Kosten	Leistun-gen
5000	Umsatzerlöse für eigene Erzeugnisse		235.000,00						235.000,00
5080	Erlöse aus Vermie-tung/Verpachtung		6.600,00		6.600,00				
5500	Erträge aus Beteiligungen		3.800,00		3.800,00				
5710	Zinserträge		2.300,00		2.300,00				
6000	Aufwendungen für Rohstoffe	76.000,00						76.000,00	
6010	Aufwendungen für Vorprodukte/ Fremdbauteile	11.400,00						11.400,00	
6020	Aufwendungen für Hilfsstoffe	7.000,00						7.000,00	
6030	Aufwendungen für Betriebsstoffe	9.000,00						9.000,00	
6160	Fremdinstandhaltung	1.400,00						1.400,00	
6200	Löhne	60.000,00						60.000,00	
6300	Gehälter	18.500,00						18.500,00	
6520	Abschreibungen auf Sachanlagen	9.945,00				9.945,00	12.900,00[1]	12.900,00	
6710	Leasing-aufwendungen	4.250,00						4.250,00	
6800	Büromaterial	1.250,00						1.250,00	
6990	Periodenfremde Aufwendungen	500,00		500,00					
7400	Abschreibungen auf Finanzanlagen	900,00		900,00					
7510	Zinsaufwendungen	2.000,00				2.000,00	6.000,00[1]	6.000,00	
	Zusatzkosten								
	Kalkulatorischer Unternehmerlohn						10.000,00[1]	10.000,00	
	Summen	202.145,00	247.700,00	1.400,00	12.700,00	11.945,00	28.900,00	217.700,00	235.000,00
	Salden (Ergebnisse)	**45.555,00**		**11.300,00**		**16.955,00**		**17.300,00**	

Probe:

Ergebnis unternehmensbezogener Abgrenzungen	11.300,00
+ Ergebnis kostenrechnerischer Korrekturen	16.955,00
+ Betriebsergebnis	17.300,00
= Unternehmensergebnis	45.555,00

1 Kalkulatorische Kosten, die im Vorjahr durch die KLR ermittelt wurden.

2 Gliedern der Kostenarten im Kostenartenplan

Um die Struktur und Entwicklung seiner Kosten analysieren und Verkaufspreise seiner Produkte kalkulieren zu können, benötigt Herr Crome einen übersichtlich gegliederten Kostenartenplan.

ARBEITSAUFTRAG

Erstellen Sie mithilfe des nachfolgenden Infotextes und Ihrer Ergebnistabelle (S. 17) den Kostenartenplan für die Crome KG für den Monat Juli.

Kostenartenplan: Juli (Geschäftsjahr und Vergleichsjahre)					
Kostenarten	**Juli 20.. (Geschäftsjahr)**			**Gesamt-Kosten Juli 2015**	**Gesamt-Kosten Juli 2010**
	Gesamt-kosten	**Einzel-kosten**	**Gemein-kosten**		
1 Materialkosten					
1.1 Rohstoffe				75.240,00	72.982,80
1.2 Hilfsstoffe				7.298,28	7.006,35
1.3 Betriebsstoffe				8.363,52	7.527,17
1.4 Vorprod./Fremdbauteile				11.642,40	11.293,13
Summe Materialkosten				**102.544,20**	**98.809,45**
2 Personalkosten					
2.1 Löhne				61.479,00	73.160,01
2.2 Gehälter				18.405,75	17.853,58
Summe Personalkosten				**79.884,75**	**91.013,59**
3 Kalkulatorische Kosten					
3.1 Kalk. Abschreibungen				9.611,00	7.688,80
3.2 Kalk. Zinsen				4.228,00	3.382,40
3.3 Kalk. Unternehmerlohn				9.760,00	9.272,00
Summe kalk. Kosten				**23.599,00**	**20.343,20**
4 Sonstige Kosten					
4.1 Leasing				4.037,50	3.876,00
4.2 Fremdinstandhaltung				1.387,56	1.179,43
4.3 Büromaterial				1.104,83	1.071,69
Summe sonstige Kosten				**6.529,89**	**6.127,12**
Gesamtsummen				**212.557,84**	**216.293,36**

Infotext: Kostenarten und Kostenartenplan

Ziele der Kostenartenplanung

In der Ergebnistabelle wurden die betrieblichen Kosten, welche aus den Aufwendungen der Finanzbuchhaltung herausgefiltert wurden, einfach in der Reihenfolge der Positionen aus der Finanzbuchhaltung aufgelistet. Nun sollen die Kosten in sogenannte „Kostenarten“ eingeteilt werden, um

- Höhe und Struktur der einzelnen Kostenarten und ihrer Entwicklung darzustellen,
- die Kalkulation der Verkaufspreise vorzubereiten.

Zur Einteilung der Kosten in Kostenarten können unterschiedliche Kriterien herangezogen werden. Im Folgenden werden die Kosten einmal nach Art der verbrauchten Produktionsfaktoren und einmal nach Zurechenbarkeit zum Produkt unterteilt.

Kostenarten nach Art der verbrauchten Produktionsfaktoren

- **Materialkosten**
  - Rohstoffe: Hauptbestandteile des Produkts (z. B. Holz beim Möbelbau)
  - Hilfsstoffe: Nebenbestandteile des Produkts (z. B. Leim und Schrauben beim Möbelbau)
  - Betriebsstoffe: Verbrauchsstoffe, die nicht in das Produkt eingehen (z. B. Heizöl, Strom)
  - Vorprodukte/Fremdbauteile: fertige Zulieferteile (z. B. Beschläge beim Möbelbau)
- **Personalkosten**
  - Löhne: Entgelt für Arbeiter, die unmittelbar am Produkt arbeiten
  - Gehälter: Entgelt für Angestellte, die nicht unmittelbar am Produkt arbeiten
- **Kalkulatorische Kosten**
  - kalkulatorische Abschreibungen: Wertverlust des Anlagevermögens
  - kalkulatorische Zinsen: betriebsnotwendiges Kapital zu kalkulatorischem Zinssatz
  - kalkulatorischer Unternehmerlohn: unterstelltes Unternehmerentgelt
- **Sonstige Kosten**
  - Leasing: periodische Mietbeträge (z. B. für Fahrzeuge, Immobilien)
  - Fremdinstandhaltung: Kosten für Reparatur und Wartung durch Fremdbetriebe
  - Büromaterial: Verbrauchsmaterialien im Büro (z. B. Toner, Papier, Stifte)

Kostenarten nach Zurechenbarkeit zum Produkt

- **Einzelkosten:** Einzelkosten sind die Kosten, die einem Produkt („Kostenträger“) direkt zugeordnet werden können. Typische Einzelkosten sind Kosten für Fertigungsmaterial (Rohstoffe, Vorprodukte, Fremdbauteile) und Fertigungslöhne. Einzelkosten können unmittelbar in die Kostenträgerrechnung (Kapitel D) für die Kalkulation von Verkaufspreisen übernommen werden.
- **Gemeinkosten:** Gemeinkosten sind die Kosten, die einem Produkt („Kostenträger“) nicht direkt zugeordnet werden können, sondern für mehrere oder sogar für alle Produkte „gemeinsam“ anfallen. Typische Gemeinkosten sind Hilfsstoffe (z. B. Leim, Nägel), Betriebsstoffe (z. B. Heizöl, Strom), Gehälter in der Verwaltung, kalkulatorische Kosten (z. B. kalkulatorische Abschreibungen, kalkulatorische Zinsen), Leasingraten für Gebäude und Maschinen, Fremdinstandhaltung, Büromaterial usw. Gemeinkosten werden über den Umweg der Kostenstellenrechnung an die Kostenträgerrechnung (Kapitel D) für die Kalkulation von Verkaufspreisen weitergeleitet.

Kostenartenplan

Der Kostenartenplan liefert dem Betrieb eine strukturierte Übersicht der unterschiedlichen Kostenarten. Dabei kann jeder Betrieb seinen Kostenplan nach eigenen Vorstellungen ausgestalten. Im Beispiel der Crome KG stellt der Kostenartenplan die Kosten aus der Ergebnistabelle des Monats Juli des Vorjahres folgendermaßen dar:

Kostenartenplan Juli 20.. (Vorjahr)			
	Gesamtkosten	**Einzelkosten**	**Gemeinkosten**
1 Materialkosten			
1.1 Rohstoffe	76.000,00	76.000,00	
1.2 Hilfsstoffe	7.000,00		7.000,00
1.3 Betriebsstoffe	9.000,00		9.000,00
1.4 Vorprodukte/Fremdbauteile	11.400,00	11.400,00	
Summe Materialkosten	**103.400,00**	**87.400,00**	**16.000,00**
2 Personalkosten			
2.1 Löhne	60.000,00	60.000,00	
2.2 Gehälter	18.500,00		18.500,00
Summe Personalkosten	**78.500,00**	**60.000,00**	**18.500,00**
3 Kalkulatorische Kosten			
3.1 Kalk. Abschreibungen	12.900,00		12.900,00
3.2 Kalk. Zinsen	6.000,00		6.000,00
3.3 Kalk. Unternehmerlohn	10.000,00		10.000,00
Summe kalk. Kosten	**28.900,00**		**28.900,00**
4 Sonstige Kosten			
4.1 Leasing	4.250,00		4.250,00
4.2 Fremdinstandhaltung	1.400,00		1.400,00
4.3 Büromaterial	1.250,00		1.250,00
Summe sonstige Kosten	**6.900,00**		**6.900,00**
Gesamtsummen	**217.700,00**	**147.400,00**	**70.300,00**

3 Analysieren von Kostenstrukturen und -entwicklungen

ARBEITSAUFTRÄGE

1. Stellen Sie für den Monat Juli (Geschäftsjahr) in anschaulichen Diagrammen dar:

a) Anteile der gruppierten Kostenarten (Materialkosten, Personalkosten, kalkulatorische Kosten, sonstige Kosten) an den Gesamtkosten in Prozent
b) Anteile der Einzel- und Gemeinkosten an den Gesamtkosten in Prozent

2. Erläutern Sie Ihre Diagramme aus Aufgabe 1.

3. Stellen Sie unter Einbeziehung der Vergleichsjahre in anschaulichen Diagrammen dar:

a) Entwicklung der gruppierten Kostenarten (Materialkosten, Personalkosten, kalkulatorische Kosten, sonstige Kosten) in Euro
b) Entwicklung der Einzel- und Gemeinkosten in Euro und Prozent

4. Interpretieren Sie Ihre Ergebnisse aus Aufgabe 3.

Kompaktwissen

Kostenartenrechnung: Leitfrage und Ziele	
Leitfrage	„Welche Kosten sind angefallen?“
Ziele	• Erfassen aller betrieblichen Kosten einer Abrechnungsperiode • differenziertes Aufgliedern aller Kosten zur Weiterverrechnung auf Kostenstellen (Gemeinkosten) und Kostenträger (Einzelkosten)

Neutrale Aufwendungen und Erträge

betriebsfremd

Aufwendungen und Erträge aus der Fibu, die nichts mit dem eigentlichen Betriebszweck ("Kerngeschäft") zu tun haben

periodenfremd

Aufwendungen und Erträge aus der Fibu, die zwar in der betrachteten Abrechnungsperiode gebucht wurden, sich aber auf eine andere Abrechnungsperiode beziehen

außerordentlich

Aufwendungen und Erträge aus der Fibu, die von außerordentlicher Höhe und nicht typisch für den gewöhnlichen Geschäftsbetrieb sind

Aufwendungen der Finanzbuchhaltung		
Neutrale Aufwendungen	**Betriebliche Aufwendungen**	
	Grundkosten (Aufwandsgleiche Kosten)	**Kalkulatorische Kosten** (Anderskosten, Zusatzkosten)
	Kosten der Kosten- und Leistungsrechnung	

Kalkulatorische Kosten

Sinn: Darstellen des tatsächlichen Ressourcenverbrauchs, sofern dieser durch die Daten aus der Fibu nicht widergespiegelt wird.

Anderskosten

Kosten, die in der betriebsinternen KLR anders angesetzt werden als in der Fibu

Zusatzkosten

Betriebsintern angesetzte Kosten, denen keine Aufwendungen in der Fibu gegenüberstehen

Anderskosten	
kalkulatorische Abschreibungen	*Anders* als die Abschreibungen in der Fibu sind die kalkulatorischen Abschreibungen in der KLR nicht an handels- und steuerrechtliche Vorgaben gebunden, sondern können abweichende betriebliche Erfahrungswerte und erwartete Preisentwicklungen berücksichtigen.
kalkulatorische Zinsen	*Anders* als in der Fibu werden in der KLR nicht die gesamten, tatsächlich angefallenen Zinsaufwendungen angesetzt, sondern nur die Zinsen für das betriebsnotwendige Kapital – egal, ob es sich um Eigen- oder Fremdkapital handelt. Dazu wird ein betriebsinterner kalkulatorischer Zinssatz zugrunde gelegt.
kalkulatorische Werkstoffkosten	*Anders* als in der Fibu werden in der KLR nicht die tatsächlichen Aufwendungen für Roh-, Hilfs- und Betriebsstoffe sowie für Vorprodukte und Fremdbauteile angesetzt, denn hierdurch würden zufällige Preisschwankungen zu einer verzerrten Preiskalkulation führen. Vielmehr rechnet die KLR mit periodenübergreifenden durchschnittlichen „Verrechnungspreisen".
kalkulatorische Wagnisse	*Anders* als in der Fibu werden in der KLR betriebliche Schadensfälle, gegen die das Unternehmen nicht versichert ist, nicht mit dem tatsächlichen, zufälligen Verlustbetrag bewertet. Stattdessen legt die KLR kalkulatorische Wagniskosten zugrunde, welche die Schadensfälle (Fehlbedienung von Maschinen, Diebstahl, Währungsverluste bei Auslandsgeschäften usw.) gleichmäßig auf alle Abrechnungsperioden verteilen.

Zusatzkosten	
kalkulatorischer Unternehmerlohn	In Kapitalgesellschaften bezieht die Unternehmensleitung ein Gehalt, welches als Aufwand den Gewinn in der Fibu mindert. Da die Unternehmensleitung in Personengesellschaften und Einzelunternehmen kein Gehalt bezieht, veranschlagt die KLR dort *zusätzlich* einen kalkulatorischen Unternehmerlohn.
kalkulatorische Miete	Sofern der Unternehmer dem Betrieb eigene Immobilien bereitstellt, fallen keine Mietaufwendungen in der Fibu an. In diesem Fall wird in der KLR *zusätzlich* eine kalkulatorische Miete angesetzt, die sich am Mietspiegel der Region orientiert.

Kostenarten

nach Art der verbrauchten Produktionsfaktoren

- Materialkosten
- Personalkosten
- kalkulatorische Kosten
- Sonstige Kosten

nach Zurechenbarkeit zu den Produkten

- **Einzelkosten** können dem Kostenträger direkt zugerechnet werden.
- **Gemeinkosten** können dem Kostenträger nicht direkt zugerechnet werden.

nach Abhängigkeit von der Produktionsmenge

- **Fixe Kosten** sind unabhängig von der Produktionsmenge.
- **Variable Kosten** sind abhängig von der Produktionsmenge.

Vertiefungsaufgaben

1. Bringen Sie folgende Aufgaben der Kostenartenrechnung in eine chronologische Reihenfolge:

Aufgaben der Kostenartenrechnung	Nr.
Erfassen der Kosten und Leistungen in der Ergebnistabelle	
Gliedern der Kostenarten im Kostenartenplan	
Analysieren der Kostenstruktur und Ableiten betriebswirtschaftlicher Schlussfolgerungen	
Aussondern der neutralen Aufwendungen und Erträge	
Berechnen der kalkulatorischen Kosten	
Übernehmen der Daten aus der Finanzbuchhaltung	
Darstellen der Kostenstruktur in aussagefähigen Diagrammen	

2. Kreuzen Sie an, ob es sich bei den folgenden Aufwendungen und Erträgen des Textilherstellers Tell AG aus Wuppertal um neutrale Aufwendungen, neutrale Erträge oder um Aufwendungen bzw. Erträge handelt, die nicht neutral sind:

Aufwendungen und Erträge	neutraler Aufwand	neutraler Ertrag	nicht neutral
a) Abschreibungen auf Sachanlagen			
b) Verkauf einer Maschine unter Buchwert			
c) Kraftfahrzeugsteuer für das laufende Geschäftsjahr			
d) Nachzahlung der Körperschaftsteuer für das Vorjahr			
e) Gehälter			
f) Umsatzerlöse für eigene Erzeugnisse			
g) Kapitalertragsteuer für das laufende Geschäftsjahr			
h) Arbeitgeberanteil zur Sozialversicherung			
i) Erträge aus Beteiligungen			
j) Abschreibungen auf Finanzanlagen			
k) Fremdinstandhaltung der Maschinen			
l) Erlöse aus Vermietung/Verpachtung			

3. Ordnen Sie für einen Industriebetrieb folgende Kostenarten durch Ankreuzen der richtigen Kategorie zu:

Kostenarten	Grundkosten	Anderskosten	Zusatzkosten
a) Fertigungslöhne			
b) kalkulatorische Abschreibungen			
c) Büromaterial			
d) kalkulatorische Mieten			
e) Gehälter			
f) kalkulatorische Zinsen			
g) kalkulatorischer Unternehmerlohn			
h) Fremdinstandhaltung			
i) kalkulatorische Werkstoffkosten			

4. Kreuzen Sie an, ob es sich um eine richtige oder eine falsche Aussage handelt:

Aussagen	richtig	falsch
a) „Aufwendungen“ sind nichts anderes als „Kosten“.		
b) Neutrale Aufwendungen entsprechen den Grundkosten.		
c) Kalkulatorische Zinsen nennt man auch „Kapitalkosten“.		
d) Periodenfremde Aufwendungen sind stets betriebsfremde Aufwendungen.		
e) Kalkulatorische Kosten bestehen aus Grund-, Anders- und Zusatzkosten.		
f) Die lineare Abschreibung ist ein übliches Verfahren der KLR.		
g) Kalkulatorische Zinsen werden vom Anlagevermögen berechnet.		
h) Kalkulatorische Abschreibungen beziehen sich auf die Anschaffungskosten.		

5. Die Wackerbauer OHG ist ein Metall verarbeitender Betrieb mit Sitz in Schwäbisch Hall. Für die Abgrenzungsrechnung sollen die kalkulatorischen Kosten ermittelt werden. Dazu liegen Ihnen folgende Informationen vor:

Anlagendatei mit Abschreibungen für Monat Januar – Wackerbauer OHG								
			Bilanzmäßige Abschreibungen			Kalkulatorische Abschreibungen		
Nr.	Anlagegut	aktuelles Nutzungsjahr	Anschaffungswert	Nutzungsdauer laut AfA-Tabelle (in Jahren)	Abschreibungsbetrag	Wiederbeschaffungswert	geschätzte Nutzungsdauer (in Jahren)	Abschreibungsbetrag
1	Halle (Leichtbauweise)	3	672.000,00	14	4.000,00	698.400,00	12	
2	Drehbank	5	76.800,00	16	400,00	79.200,00	10	
3	Bohrmaschine (stationär)	6	48.000,00	16	250,00	50.820,00	11	
4	Sandstrahlgebläse	2	43.200,00	9	400,00	46.728,00	6	
5	Dienstwagen	2	17.640,00	6	245,00	18.360,00	5	
6	Lkw	3	101.952,00	9	944,00	105.024,00	8	
	Summen				**6.239,00**			

Das betriebsnotwendige Anlagevermögen beläuft sich auf 694.308,00 €, das betriebsnotwendige Umlaufvermögen auf 245.600,00 €. Lieferanten gewährten im Laufe des Monats zinslose Kredite in Höhe von 26.000,00 €. Der langfristige Zins am Kapitalmarkt beträgt zurzeit 7 %. Das durchschnittliche Jahreseinkommen eines Geschäftsführers vergleichbarer Unternehmen liegt bei 187.200,00 €.

Berechnen Sie für die Wackerbauer OHG für den Monat Januar die kalkulatorischen Abschreibungen, die kalkulatorischen Zinsen und den kalkulatorischen Unternehmerlohn.

6. Der Baustoffhändler Leymann beabsichtigt, zukünftig kalkulatorische Wagnisse in seiner Kosten- und Leistungsrechnung zu berücksichtigen.

a) Schwund und Diebstahl der Bestände in den letzten zehn Jahren beliefen sich im Mittel auf 2 % des durchschnittlichen Lagerbestandes in Höhe von 1.656.400,00 €. Wie hoch sind die jährlichen kalkulatorischen Wagnisse in Euro anzusetzen?

b) In der letzten Abrechnungsperiode erwirtschaftete das Unternehmen Umsatzerlöse in Höhe von 2.150.000,00 €, dabei machten die Kunden Gewährleistungsansprüche in Höhe von 10.750,00 € geltend. Wie hoch ist der kalkulatorische Wagniszuschlag für Gewährleistungswagnisse der letzten Abrechnungsperiode in Prozent?

c) Handelt es sich bei kalkulatorischen Wagnissen um Anderskosten oder um Zusatzkosten? Begründen Sie Ihre Antwort.

7. Erstellen Sie für die Brenner KG und die Cell GmbH die Ergebnistabelle auf Grundlage folgender Angaben für den Monat Oktober:

Konto		a) Brenner KG	b) Cell GmbH
5000	Umsatzerlöse für eigene Erzeugnisse	2.154.063,00	1.040.000,00
5202	Bestandsveränderungen (Lagerleistung)	–	22.590,00
5080	Erlöse aus Vermietung/Verpachtung	–	8.600,00
5490	Periodenfremde Erträge	14.500,00	–
5500	Erträge aus Beteiligungen	6.980,00	–
5710	Zinserträge	22.590,00	12.980,00
6000	Aufwendungen für Rohstoffe	786.000,00	536.870,00
6020	Aufwendungen für Hilfsstoffe	86.400,00	41.580,00
6030	Aufwendungen für Betriebsstoffe	–	36.960,00
6050	Aufwendungen für Energie	69.800,00	–
6200	Löhne	465.000,00	82.800,00
6300	Gehälter	129.000,00	50.480,00
6400	Arbeitgeberanteil Sozialversicherung (Lohnbereich)	155.000,00	27.600,00
6410	Arbeitgeberanteil Sozialversicherung (Gehaltsbereich)	43.000,00	12.620,00
6520	Abschreibungen auf Sachanlagen	92.683,00	94.500,00
6700	Mietaufwendungen, Pachten	–	46.570,00
6800	Büromaterial	945,00	630,00
7000	Betriebliche Steuern	38.500,00	35.600,00
7400	Abschreibungen auf Finanzanlagen	895,00	960,00
7510	Zinsaufwendungen	61.640,00	54.900,00
7720	Kapitalertragsteuer	7.390,00	3.250,00
kalkulatorische Abschreibungen		105.600,00	122.600,00
kalkulatorische Zinsen		72.400,00	68.790,00
kalkulatorische Verrechnungspreise für Rohstoffe		–	544.650,00
kalkulatorischer Unternehmerlohn		168.000,00	–
kalkulatorische Miete		960,00	–
in den Löhnen enthaltener Nachzahlungsanteil		12.000,00	–
in den betrieblichen Steuern enthaltener Nachzahlungsanteil		–	18.400,00

8. Die Friese KG ist ein Hersteller von Frischfischprodukten mit Sitz in Bremerhaven. Für das dritte Quartal liegen der Controllingabteilung nachfolgende Angaben aus der Finanzbuchhaltung vor:

- Die Wiederbeschaffungswerte werden pauschal mit 10 % über Anschaffungswert angesetzt.
- Das betriebsnotwendige Anlagevermögen beläuft sich auf 3.653.760,00 € und das betriebsnotwendige Umlaufvermögen auf 916.500,00 €. Es liegen Kundenanzahlungen in Höhe von 55.000,00 € vor. Der langfristige Kapitalmarktzins beträgt zurzeit 8 %.
- Für die Betriebsleitung wird ein jährlicher kalkulatorischer Unternehmerlohn in Höhe von 216.000,00 € veranschlagt.
- Für die Bereitstellung privater Immobilien für betriebliche Zwecke durch Karl Friese im Umfang von 140 qm wird eine kalkulatorische Miete angesetzt. Der Mietspiegel liegt derzeit bei 16,00 €/Quadratmeter pro Monat.
- Die Kosten für Fertigungsmaterial des 3. Quartals werden zu kalkulatorischen Werkstoffkosten (zu durchschnittlichen Verrechnungspreisen) kalkuliert und betragen danach 148.190,00 €.
- In dem Betrag für die betrieblichen Steuern ist eine Steuernachzahlung in Höhe von 9.600,00 € enthalten.

Anlagendatei mit Abschreibungen für Quartal III – Friese KG								
			Bilanzmäßige Abschreibungen			Kalkulatorische Abschreibungen		
Nr.	**Anlagegut**	**aktuelles Nutzungsjahr**	**Anschaffungswert**	**Nutzungsdauer laut AfA-Tabelle (in Jahren)**	**Abschreibungsbetrag**	**Wiederbeschaffungswert**	**geschätzte Nutzungsdauer (in Jahren)**	**Abschreibungsbetrag**
1	Kühlhalle	4	1.560.000,00	20	19.500,00		15	
2	Anlage	4	1.968.000,00	20	24.600,00		15	
3	Förderband	2	756.000,00	14	13.500,00		10	
4	Lkw 1	3	93.600,00	9	2.600,00		6	
5	Lkw 2	2	124.200,00	9	3.450,00		6	
	Summen				**63.650,00**			

Konto		Betrag
5000	Umsatzerlöse für eigene Erzeugnisse	714.068,00
5080	Erlöse aus Vermietung/Verpachtung	16.500,00
5500	Erträge aus Beteiligungen	9.400,00
6000	Aufwendungen für Rohstoffe	145.600,00
6050	Aufwendungen für Energie	26.500,00
6160	Fremdinstandhaltung	4.800,00
6200	Löhne	121.500,00
6300	Gehälter	69.600,00
6400	soziale Abgaben (Lohnbereich)	40.500,00
6410	soziale Abgaben (Gehaltsbereich)	25.600,00
6520	Abschreibungen auf Sachanlagen	63.650,00
7000	Betriebliche Steuern	41.500,00
7400	Abschreibungen auf Finanzanlagen	6.200,00
7510	Zinsaufwendungen	51.960,00
7720	Kapitalertragsteuer	2.350,00

Für das abgelaufene Quartal soll eine umfassende Kostenartenrechnung vorgenommen werden:

a) Benennen Sie alle neutralen Aufwendungen und Erträge.
b) Berechnen Sie die kalkulatorischen Abschreibungen, die kalkulatorischen Zinsen, den kalkulatorischen Unternehmerlohn und die kalkulatorische Miete.
c) Erstellen Sie eine vollständige Ergebnistabelle für das 3. Quartal.
d) Gliedern Sie in einem Kostenartenplan die Kostenarten ...

- ... nach verbrauchten Produktionsfaktoren,
- ... nach Einzel- und Gemeinkosten.

e) Stellen Sie die betriebliche Kostenstruktur in Diagrammen dar und erläutern Sie das Ergebnis.

C Kostenstellenrechnung

Praxisfall „Crome KG“

1 Erstellen eines Betriebsabrechnungsbogens in drei Schritten

Herr Crome möchte nun wissen, welche Gemeinkosten im Monat Juli in den einzelnen Kostenstellen seines Unternehmens angefallen sind, um die Kostenentwicklung in jeder Kostenstelle kontrollieren zu können. Außerdem muss er für jede Kostenstelle einen Kalkulationssatz ermitteln, der die Zuordnung der Gemeinkosten zu den einzelnen Kundenaufträgen ermöglicht. Zu diesem Zweck soll für den abgelaufenen Monat Schritt für Schritt ein Betriebsabrechnungsbogen („BAB“) erstellt werden.

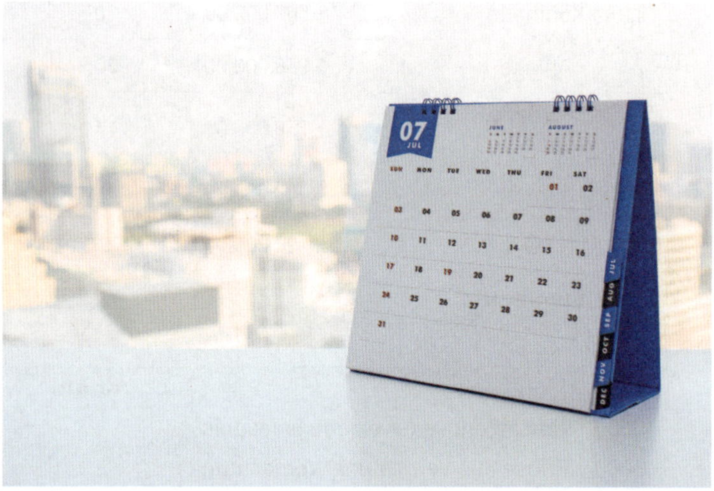

1.1 Erster Schritt: Verteilen der Gemeinkosten auf die Kostenstellen

Der Kostenartenplan des Monats Juli weist alle angefallenen Gemeinkosten aus. Herr Crome möchte zunächst wissen, in welcher Kostenstelle diese Kosten angefallen sind.

ARBEITSAUFTRAG

Verteilen Sie mithilfe des Kostenartenplans (⇒ S. 20), des nachfolgenden Verteilungsschlüssels sowie des nachfolgenden Infotextes alle angefallenen Gemeinkosten des Monats Juli auf die einzelnen Kostenstellen der Crome KG. Ermitteln Sie anschließend für jede Kostenstelle die Summe der Gemeinkosten.

Gemeinkostenart	Verteilungsgrundlage	Allgemeine Kostenstelle Fuhrpark	Hauptkostenstelle Material	Hilfskostenstelle Fertigungsplanung	FHS I Sägen/Hobeln	FHS II CNC-Fräszentrum	FHS III Lackierautomat	FHS III Montage	Hauptkostenstelle Verwaltung	Hauptkostenstelle Vertrieb
Hilfsstoffe	Belege	0,00	0,00	0,00	1.881,00	1.504,80	2.633,40	1.504,80	0,00	0,00
Betriebsstoffe	Schlüssel	8	3	1	10	12	8	8	6	4
Gehälter	Gehaltsliste	0,00	4.743,75	1.897,50	0,00	0,00	0,00	0,00	8.538,75	3.795,00
Kalk. Abschreibungen	Anlagendatei	1.320,00	0,00	0,00	940,00	7.000,00	4.150,00	320,00	0,00	0,00
Kalk. Zinsen	Schlüssel	6	8	1	10	46	11	7	6	5
Kalk. Unternehmerlohn	Stunden	4	16	24	4	16	8	4	60	24
Leasing	m²	30	70	20	190	50	40	150	240	60
Fremdinstandhaltung	Belege	298,40	149,20	0,00	313,32	373,00	268,56	89,52	0,00	0,00
Büromaterial	Belege	0,00	159,46	45,56	11,39	34,17	0,00	22,78	615,06	250,58

Betriebsabrechnungsbogen (BAB I) Juli 20.. (Geschäftsjahr)

Gemeinkosten		Allgemeine Kostenstelle	Haupt-kostenstelle	Hilfskosten-stelle	Fertigungs-Hauptkostenstellen (FHS)				Haupt-kostenstelle	Haupt-kostenstelle
					FHS I	FHS II	FHS III			
Gemeinkostenart	**Summe**	**Fuhrpark**	**Material**	**Fertigungs-planung**	**Sägen/ Hobeln**	**CNC-Fräs-zentrum**	**Lackier-automat**	**Montage**	**Verwaltung**	**Vertrieb**
Hilfsstoffe										
Betriebsstoffe										
Gehälter										
Kalk. Abschreibungen										
Kalk. Zinsen										
Kalk. Unternehmerlohn										
Leasing										
Fremdinstandhaltung										
Büromaterial										
Summen										
Umlage Fuhrpark		↳								
Zwischensummen										
Umlage Fertigungsplanung				↳						
Summen										
Zuschlagsgrundlagen (FM, FL, HKdU)										
Zuschlagssätze für MGK, FGK, VwGK, VtGK (Ist)										
Maschinenstunden gesamt (Std.)										
Maschinenstundensätze (Istwerte)										

1.2 Zweiter Schritt: Verrechnen innerbetrieblicher Leistungen

Da die Vorkostenstellen „Fuhrpark“ und „Fertigungsplanung“ die Hauptkostenstellen mit ihren Leistungen beliefern, möchte Herr Crome die damit verbundenen Gemeinkosten verursachungsgerecht auf die Hauptkostenstellen Material, Fertigung, Verwaltung und Vertrieb umverteilen.

ARBEITSAUFTRAG

Legen Sie nun mithilfe des Schlüssels zur Verrechnung innerbetrieblicher Leistungen sowie des nachfolgenden Infotextes die angefallenen Gemeinkosten der Vorkostenstellen „Fuhrpark“ und „Fertigungsplanung“ des Monats Juli auf die Hauptkostenstellen um. Ermitteln Sie anschließend für jede Hauptkostenstelle die Summe der Gemeinkosten.

Vorkosten-stellen	Umlage-grundlage	Allgemeine Kostenstelle Fuhrpark	Hauptkostenstelle Material	Hilfskostenstelle Fertigungsplanung	FHS I Sägen/Hobeln	FHS II CNC-Fräszentrum	FHS III Lackierautomat	FHS III Montage	Hauptkostenstelle Verwaltung	Hauptkostenstelle Vertrieb
Fuhrpark	Schlüssel		3	0	0	0	0	0	1	6
Fertigungsplanung	Schlüssel				4	3	1	2		

1.3 Dritter Schritt: Ermitteln der Kalkulationssätze

In einem dritten und letzten Schritt werden die Kalkulationssätze ermittelt, die für die Angebotskalkulation der Kundenaufträge benötigt werden.

ARBEITSAUFTRAG

Ermitteln Sie in einem letzten Schritt mithilfe des nachfolgenden Infotextes alle Kalkulationssätze für die Angebotskalkulation. Ihnen liegen dazu für den Monat Juli folgende Informationen vor:

- Einzelkosten (Fertigungsmaterial und Löhne) gemäß Kostenartenplan;
- 70 % der Löhne sind in der FHS I und 30 % der Löhne in der FHS III (Montage) angefallen;
- das CNC-Fräszentrum war 119,8 Stunden und der Lackierautomat 131,6 Stunden im Einsatz;
- Keine Bestandsveränderungen an fertigen und unfertigen Erzeugnissen im Lager.

Für die Nebenrechnung zur Ermittlung der Herstellkosten des Umsatzes nutzen Sie bitte folgendes Schema:

Nebenrechnung: Herstellkosten des Umsatzes (HKdU)	
Fertigungsmaterial (FM)	
+ Materialgemeinkosten (MGK)	
= Materialkosten (MK)	
Fertigungslöhne (FL)	
+ Fertigungsgemeinkosten (FGK)	
= Fertigungskosten (FK)	
= Herstellkosten der Erzeugung (HKdE)	
+ Bestandsminderungen	
– Bestandsmehrungen	
= Herstellkosten des Umsatzes (HKdU)	

Infotext: Aufgaben des Betriebsabrechnungsbogens

Der Betriebsabrechnungsbogen (BAB I), der am Ende jeder Abrechnungsperiode (Jahr, Quartal, Monat) erstellt wird, übernimmt die Gemeinkosten aus dem Kostenartenplan (S. 22) und ordnet sie den einzelnen Kostenstellen möglichst verursachungsgerecht zu. Aufgabe des BAB ist es, ...

- ... die Höhe bzw. Entwicklung der **Gemeinkosten** in den Kostenstellen zu Kontrollzwecken übersichtlich darzustellen,
- ... **Kalkulationssätze** für die Angebotskalkulation zu ermitteln, mit deren Hilfe die Gemeinkosten anteilig auf die einzelnen Kostenträger (Produkte, Kundenaufträge) verteilt werden können.

Betriebsabrechnungsbogen (BAB I) Juli 20.. (Vorjahr)										
Gemeinkosten		Allgemeine Kostenstelle	Haupt-kosten-stelle	Hilfs-kostenstelle	Fertigungs-Hauptkostenstellen (FHS)				Hauptkos-tenstelle	Haupt-kosten-stelle
					FHS I	FHS II	FHS III			
Gemeinkostenart	Summe	Fuhrpark	Material	Fertigungspla-nung	Sägen/ Hobeln	CNC-Fräszentrum	Lackier-automat	Montage	Verwaltung	Vertrieb
Hilfsstoffe	7.000,00	0,00	0,00	0,00	1.750,00	1.400,00	2.450,00	1.400,00	0,00	0,00
Betriebsstoffe	9.000,00	1.200,00	450,00	150,00	1.500,00	1.800,00	1.200,00	1.200,00	900,00	600,00
Gehälter	18.500,00	0,00	4.625,00	1.850,00	0,00	0,00	0,00	0,00	8.325,00	3.700,00
Kalk. Abschreibungen	12.900,00	1.250,00	0,00	0,00	850,00	6.500,00	4.000,00	300,00	0,00	0,00
Kalk. Zinsen	6.000,00	360,00	480,00	60,00	600,00	2.760,00	660,00	420,00	360,00	300,00
Kalk. Unternehmerlohn	10.000,00	250,00	1.000,00	1.500,00	250,00	1.000,00	500,00	250,00	3.750,00	1.500,00
Leasing	4.250,00	150,00	350,00	100,00	950,00	250,00	200,00	750,00	1.200,00	300,00
Fremdinstandhaltung	1.400,00	280,00	140,00	0,00	294,00	350,00	252,00	84,00	0,00	0,00
Büromaterial	1.250,00	0,00	175,00	50,00	12,50	37,50	0,00	25,00	675,00	275,00
Summen	**70.300,00**	**3.490,00**	**7.220,00**	**3.710,00**	**6.206,50**	**14.097,50**	**9.262,00**	**4.429,00**	**15.210,00**	**6.675,00**
Umlage Fuhrpark		↳	1.047,00	0,00	0,00	0,00	0,00	0,00	349,00	2.094,00
Zwischensummen			**8.267,00**	**3.710,00**	**6.206,50**	**14.097,50**	**9.262,00**	**4.429,00**	**15.559,00**	**8.769,00**
Umlage Fertigungsplanung				↳	1.484,00	1.113,00	371,00	742,00		
Summen			**8.267,00**		**7.690,50**	**15.210,50**	**9.633,00**	**5.171,00**	**15.559,00**	**8.769,00**
Zuschlagsgrundlagen (FM, FL, HKdU)			87.400,00		42.000,00			18.000,00	193.372,00	193.372,00
Zuschlagssätze für MGK, FGK, VwGK, VtGK (Istwerte)			**9,46 %**		**18,31 %**			**28,73 %**	**8,05 %**	**4,53 %**
Maschinenstunden gesamt						114,9 Std.	126,2 Std.			
Maschinenstundensätze (Istwerte)						**132,38 €**	**76,33 €**			

Der Betriebsabrechnungsbogen wird in drei Schritten erstellt:

- **Schritt 1:** Die Gemeinkosten aus dem Kostenartenplan werden auf die einzelnen Kostenstellen verursachungsgerecht verteilt (siehe Seite 34).
- **Schritt 2:** Die innerbetrieblichen Leistungen, also die Leistungen, welche die Kostenstellen untereinander erbringen, werden gegenseitig verrechnet (siehe Seite 35).
- **Schritt 3:** Die gesuchten Kalkulationssätze für die Angebotskalkulation (Abschnitt D) werden ermittelt (siehe Seite 36 f.).

Im Folgenden werden diese drei Schritte ausführlich erklärt.

Erster Schritt: Verteilen der Gemeinkosten auf die Kostenstellen

In einem ersten Schritt werden alle im Kostenartenplan aufgeführten Gemeinkosten den einzelnen Kostenstellen verursachungsgerecht zugeordnet. Mit anderen Worten: Jeder Kostenstelle wird nur der Anteil an Gemeinkosten zugeordnet, den sie auch verursacht hat. Die Zuordnung kann direkt oder indirekt erfolgen.

Direkte Verteilung der Gemeinkosten („Kostenstelleneinzelkosten")

Eine direkte Verteilung der Gemeinkosten liegt vor, sofern ein konkreter Gemeinkostenbetrag mithilfe eines Belegs einer Kostenstelle eindeutig zugeordnet werden kann („Kostenstelleneinzelkosten"):

Gemeinkostenart	Beleg
Büromaterial für die Kostenstelle „Verwaltung"	Eingangsrechnung
Treibstoffkosten für die Kostenstelle „Fuhrpark"	Tankstellenquittung
Gehälter für Mitarbeiter der Kostenstelle „Vertrieb"	Gehaltsliste
kalkulatorische Abschreibung der Fräsmaschine der Kostenstelle „Fertigung"	Anlagendatei
Stromkosten für Fräsmaschine mit eigenem Zähler der Kostenstelle „Fertigung"	Zählerstand
Fremdinstandhaltung für die Kostenstelle „Lackierautomat"	Eingangsrechnung

Indirekte Verteilung der Gemeinkosten („Kostenstellengemeinkosten")

Eine indirekte Verteilung der Gemeinkosten liegt vor, wenn ein konkreter Gemeinkostenbetrag einer Kostenstelle nicht eindeutig zugeordnet werden kann, sondern auf mehrere Kostenstellen verteilt werden muss. Sie werden als „Kostenstellengemeinkosten" bezeichnet. Kostenstellengemeinkosten werden mithilfe eines verursachungsgerechten Verteilungsschlüssels auf die betreffenden Kostenstellen verteilt. Dabei gibt der Schlüssel an, in welchem Verhältnis der Gesamtbetrag zu verteilen ist. Beispiele:

Gemeinkostenart	Verteilungsschlüssel
Miete	Quadratmeter
Heizkosten bei Betrieben mit einem Gaszähler	Quadratmeter, Kubikmeter
Stromkosten bei Betrieben mit einem Stromzähler	durchschnittliche Verbrauchswerte (Schätzung)
kalkulatorische Zinsen	Anteile des betriebsnotwendigen Kapitals
kalkulatorischer Unternehmerlohn	geleistete Stunden für die einzelnen Kostenstellen

In unserem durchlaufenden Beispiel würden die Gemeinkosten folgendermaßen verteilt:

Gemeinkostenart	Verteilungsgrundlage	Allgemeine Kostenstelle Fuhrpark	Hauptkostenstelle Material	Hilfskostenstelle Fertigungsplanung	FHS I Sägen/Hobeln	FHS II CNC-Fräszentrum	FHS III Lackierautomat	FHS III Montage	Hauptkostenstelle Verwaltung	Hauptkostenstelle Vertrieb
Hilfsstoffe	Belege	0,00	0,00	0,00	1.750,00	1.400,00	2.450,00	1.400,00	0,00	0,00
Betriebsstoffe	Schlüssel	8	3	1	10	12	8	8	6	4
Gehälter	Gehaltsliste	0,00	4.625,00	1.850,00	0,00	0,00	0,00	0,00	8.325,00	3.700,00
Kalk. Abschreibungen	Anlagendatei	1.250,00	0,00	0,00	850,00	6.500,00	4.000,00	300,00	0,00	0,00
Kalk. Zinsen	Schlüssel	6	8	1	10	46	11	7	6	5
Kalk. Unternehmerlohn	Stunden	4	16	24	4	16	8	4	60	24
Leasing	m^2	30	70	20	190	50	40	150	240	60
Fremdinstandhaltung	Belege	280,00	140,00	0,00	294,00	350,00	252,00	84,00	0,00	0,00
Büromaterial	Belege	0,00	175,00	50,00	12,50	37,50	0,00	25,00	675,00	275,00

Zweiter Schritt: Verrechnen innerbetrieblicher Leistungen

Grundsätzlich werden in der Kostenstellenrechnung Vor- und Hauptkostenstellen unterschieden.

- **Vorkostenstellen:** Sie unterstützen den betrieblichen Leistungsprozess und geben ihre Leistung innerhalb des Betriebes an andere Kostenstellen ab. Dabei unterscheidet man zwei Arten von Vorkostenstellen:
  - **Allgemeine Kostenstellen (AKS):** Sie beliefern i. d. R. alle anderen Kostenstellen.
    Beispiele: Kantine, Fuhrpark, Energieerzeugung, Betriebsfeuerwehr, Werksarzt, Bücherei
  - **Hilfskostenstellen (HKS):** Sie beliefern vorrangig bestimmte Hauptkostenstellen.
    Beispiele: Die Fertigungsplanung liefert die Konstruktionspläne für die Fertigung, die Werkstatt wartet die Produktionsanlagen.
- **Hauptkostenstellen:** Sie bilden die betrieblichen Grundfunktionen eines Betriebes ab. Üblicherweise unterscheidet man folgende Hauptkostenstellen:
  - **Material:** Einkauf, Warenannahme, Materialverwaltung, Materiallagerung und -ausgabe;
  - **Fertigung:** Fertigung (meistens unterteilt in mehrere Fertigungskostenstellen);
  - **Verwaltung:** Geschäftsführung, Personalabteilung, Rechnungswesen, Poststelle;
  - **Vertrieb:** Marketing, Vertriebsinnendienst, Vertriebsaußendienst.

Dabei wird die Hauptkostenstelle „Fertigung“ gewöhnlich zerlegt in einzelne „Fertigungshauptkostenstellen“ (FHS I, FHS II usw.), da die einzelnen Produktionsbereiche mit ganz unterschiedlichen Kostenstrukturen verbunden sind.

Da die Leistungen der Vorkostenstellen in den Hauptkostenstellen verwertet werden und da die Kostenstellenrechnung möglichst wenige und leicht handhabbare Kalkulationssätze für die Angebotskalkulation benötigt, werden die Gemeinkosten der Vorkostenstellen verursachungsgerecht auf die Hauptkostenstellen umgelegt. Das Umlegen der Kosten der Vorkostenstellen auf die Hauptkostenstellen erfolgt bei überwiegend einseitigen Leistungsbeziehungen in zwei Schritten („Treppenstufenverfahren“)[1]:

- **Schritt 1: Umlegen der Gemeinkosten der allgemeinen Kostenstellen:** Die allgemeinen Kostenstellen sind im BAB üblicherweise als erste Kostenstellen auf der linken Seite angeordnet. Ihre Leistungen werden mithilfe von Belegen oder eines Verteilungsschlüssels auf alle nachfolgenden Kostenstellen verteilt.
- **Schritt 2: Umlegen der Gemeinkosten der Hilfskostenstellen:** Die Hilfskostenstellen sind üblicherweise neben den Kostenstellen, die sie beliefern (i. d. R. Fertigungskostenstellen), angeordnet. Ihre Leistungen werden mithilfe von Belegen oder eines Verteilungsschlüssels auf die betreffenden Hauptkostenstellen umgelegt.

Anschließend werden die gesamten Gemeinkosten für jede Hauptkostenstelle aufaddiert. Diese Summen geben für die betrachtete Abrechnungsperiode an, wie viele Gemeinkosten insgesamt in den Hauptkostenstellen angefallen sind.

Im nachfolgenden Beispiel werden mithilfe eines Verteilungsschlüssels die Gemeinkosten der Vorkostenstelle „Fuhrpark“ auf alle anderen Kostenstellen des Betriebs und die Gemeinkosten der Vorkostenstelle „Fertigungsplanung“ auf die Fertigungshaupkostenstellen I bis III umgelegt.

Vorkostenstelle	Verteilungsgrundlage	Allgemeine Kostenstelle Fuhrpark	Hauptkostenstelle Material	Hilfskostenstelle Fertigungsplanung	FHS I Sägen/Hobeln	FHS II CNC-Fräszentrum	FHS III Lackierautomat	FHS III Montage	Hauptkostenstelle Verwaltung	Hauptkostenstelle Vertrieb
Fuhrpark	Schlüssel		3	0	0	0	0	0	1	6
Fertigungsplanung	Schlüssel				4	3	1	2		

1 Daneben gibt es auch andere Verfahren der innerbetrieblichen Leistungsverrechnung. In einigen Fällen beliefern sich die Kostenstellen gegenseitig mit Leistungen, sodass diese zunächst gegeneinander aufgerechnet werden müssen.

Dritter Schritt: Ermitteln der Kalkulationssätze für die Angebotskalkulation

Im letzten Schritt werden die Kalkulationssätze ermittelt. Diese werden in der Angebotskalkulation (Abschnitt D) benötigt, um neben den für jeden Auftrag bekannten Einzelkosten (Rohstoffe, Vorprodukte/Fremdbauteile und Löhne) auch die Gemeinkosten im angemessenen Verhältnis berücksichtigen zu können. Man unterscheidet in der Regel zwei Arten von Kalkulationssätzen:

Kalkulationssätze	
Zuschlagssätze	**Maschinenstundensätze**
Die Idee: Die Gemeinkosten des Betriebes werden mithilfe eines pauschalen Prozentsatzes kalkuliert. Der ermittelte Prozentsatz ermöglicht später eine leicht handhabbare Berechnung der Gemeinkosten für jeden Auftrag. Dazu wird für jede Abrechnungsperiode in jeder Hauptkostenstelle die Summe der Gemeinkosten zu einer bekannten und geeigneten Zuschlagsgrundlage (Einzelkosten und Herstellkosten) ins Verhältnis gesetzt. Ergebnis ist ein prozentualer Zuschlagssatz, der sich für jede Hauptkostenstelle ermitteln lässt: ▪ Materialgemeinkosten-Zuschlagssatz ▪ Fertigungsgemeinkosten-Zuschlagssatz ▪ Verwaltungsgemeinkosten-Zuschlagssatz ▪ Vertriebsgemeinkosten-Zuschlagssatz	**Die Idee:** Die Gemeinkosten, die eine Maschine verursacht, werden in genau dem Maße kalkuliert, in dem die Maschine für einen Auftrag in Anspruch genommen wurde. Dazu werden für eine Abrechnungsperiode alle Maschinengemeinkosten durch die Anzahl der geleisteten Maschinenstunden geteilt. Ergebnis ist der „Maschinenstundensatz", also der Eurobetrag, den die Maschine pro Stunde kostet. Zur Errechnung der Maschinengemeinkosten, die für einen Auftrag anfallen, werden einfach die erforderlichen Maschinenstunden mit dem Maschinenstundensatz multipliziert.

Materialgemeinkosten-Zuschlagssatz

Die ermittelten Gemeinkosten der Hauptkostenstelle „Material" der Abrechnungsperiode werden ins Verhältnis gesetzt zu sämtlichen Einzelkosten für Fertigungsmaterial (Rohstoffe und Vorprodukte/Fremdbauteile). Diese sind dem Kostenartenplan zu entnehmen und im BAB in die Zeile „Zuschlagsgrundlagen" einzutragen.

Beispiel:

$$\text{MGK-Zuschlagssatz} = \frac{\text{Materialgemeinkosten} \cdot 100}{\text{Fertigungsmaterial}} = \frac{8.267{,}00\,€ \cdot 100}{87.400{,}00\,€} = 9{,}46\,\%$$

Bedeutung: Auf 100,00 € Kosten für Fertigungsmaterial entfielen 9,46 € Materialgemeinkosten.

Fertigungsgemeinkosten-Zuschlagssatz

Die ermittelten Gemeinkosten der jeweiligen Fertigungskostenstellen werden ins Verhältnis gesetzt zu den jeweils dort angefallenen Fertigungslöhnen. Diese sind dem Kostenartenplan zu entnehmen und in der Zeile „Zuschlagsgrundlagen" im BAB einzutragen. In unserem Beispiel fallen in der „Fertigungshauptkostenstelle I" 70 % und in der „Fertigungshauptkostenstelle III" 30 % der Löhne an:

$$\text{FGK-Zuschlagssatz}_{\text{FHS I}} = \frac{\text{Fertigungsgemeinkosten} \cdot 100}{\text{Fertigungslöhne FHS I}} = \frac{7.690{,}50\,€ \cdot 100}{42.000{,}00\,€} = 18{,}31\,\%$$

In der Fertigung III spricht man von „Restgemeinkosten", da diese neben den Maschinenkosten anfallen:

$$\text{Restgemeinkosten-Zuschlagssatz}_{\text{FHS III}} = \frac{\text{Restgemeinkosten} \cdot 100}{\text{Fertigungslöhne FHS III}} = \frac{5.171{,}00\,€ \cdot 100}{18.000{,}00\,€} = 28{,}73\,\%$$

Bedeutung: Auf 100,00 € Fertigungslöhne entfielen in der FHS I 18,31 € Fertigungsgemeinkosten und in der FHS III entsprechend 28,73 € Restgemeinkosten.

Maschinenstundensatz

In vielen Branchen eignen sich heutzutage Löhne nicht mehr als Zuschlagsgrundlage, da viele Arbeiter durch Maschinen ersetzt worden sind. In diesen Fällen fallen nur wenig Löhne und dafür erhebliche Maschinengemeinkosten (kalkulatorische Abschreibungen und Zinsen, Wartung und Reparatur) an. Diese werden mithilfe eines Maschinenstundensatzes erfasst, indem alle Maschinengemeinkosten durch die Anzahl der geleisteten Maschinenstunden geteilt werden. In unserem Beispiel sind zwei Maschinenstundensätze zu ermitteln:

$$\text{Maschinenstundensatz}_{\text{CNC-Fräszentrum}} = \frac{\text{Maschinengemeinkosten}}{\text{Maschinenstunden}} = \frac{15.210{,}50\,€}{114{,}9\text{ Stunden}} = 132{,}38\,€/\text{Std.}$$

$$\text{Maschinenstundensatz}_{\text{Lackierautomat}} = \frac{\text{Maschinengemeinkosten}}{\text{Maschinenstunden}} = \frac{9.633{,}00\,€}{126{,}2\text{ Stunden}} = 76{,}33\,€/\text{Std.}$$

Bedeutung: Pro Stunde verursachte das CNC-Fräszentrum Gemeinkosten in Höhe von 132,38 € und der Lackierautomat Gemeinkosten in Höhe von 76,33 €.

Kostenintensive Maschinen werden häufig als eigene Kostenstellen eingerichtet (hier: FHS II). Alternativ können solche Maschinen aber auch in traditionellen Kostenstellen untergebracht werden (hier: FHS III). In diesem Fall wird innerhalb einer Kostenstelle sowohl ein Maschinenstundensatz als auch ein Restgemeinkostensatz ermittelt.

Verwaltungs- und Vertriebsgemeinkosten-Zuschlagssatz

Auch die Gemeinkosten der Hauptkostenstellen „Verwaltung“ und „Vertrieb“, welche nicht unmittelbar an der Herstellung der Produkte beteiligt sind, müssen in der Preiskalkulation berücksichtigt werden. Dazu werden sie ins Verhältnis gesetzt zu den gesamten Herstellkosten der Abrechnungsperiode.

Da die produzierte Menge selten identisch mit der verkauften Menge ist, kommt es in der Realität in jeder Abrechnungsperiode zu Bestandsveränderungen an fertigen und unfertigen Erzeugnissen im Lager. Wird beispielsweise mehr verkauft als produziert wurde, so müssen die entsprechenden Anteile der Herstellkosten vorangegangener Abrechnungsperioden – als nämlich auf Lager produziert wurde – mit berücksichtigt werden. Deshalb werden Minderungen (Mehrungen) der Bestände an fertigen und unfertigen Erzeugnissen den Herstellkosten hinzugerechnet (abgezogen). Ergebnis sind die in der Praxis üblichen „Herstellkosten des Umsatzes“.

Nebenrechnung: Herstellkosten des Umsatzes (HKdU)	
Fertigungsmaterial (FM)	87.400,00
+ Materialgemeinkosten (MGK)	8.267,00
= Materialkosten (MK)	**95.667,00**
Fertigungslöhne (FL)	60.000,00
+ Fertigungsgemeinkosten (FGK)	37.705,00
= Fertigungskosten (FK)	**97.705,00**
= Herstellkosten der Erzeugung (HKdE)	**193.372,00**
+ Bestandsminderungen	0,00
– Bestandsmehrungen	0,00
= Herstellkosten des Umsatzes (HKdU)	**193.372,00**

$$\text{VwGK-Zuschlagssatz} = \frac{\text{Verwaltungsgemeinkosten} \cdot 100}{\text{Herstellkosten des Umsatzes}} = \frac{15.559{,}00\,€ \cdot 100}{193.372{,}00\,€} = 8{,}05\,\%$$

$$\text{VtGK-Zuschlagssatz} = \frac{\text{Vertriebsgemeinkosten} \cdot 100}{\text{Herstellkosten des Umsatzes}} = \frac{8.769{,}00\,€ \cdot 100}{193.372{,}00\,€} = 4{,}53\,\%$$

Bedeutung: Auf 100,00 € Herstellkosten des Umsatzes entfielen 8,05 € Verwaltungsgemeinkosten und 4,53 € Vertriebsgemeinkosten.

2 Auswerten des Betriebsabrechnungsbogens

Herr Crome versucht, den Betriebsabrechnungsbogen vom Monat Juli nachzuvollziehen und Schlussfolgerungen für die Angebotskalkulation abzuleiten. Sie sollen ihm dabei behilflich sein.

ARBEITSAUFTRÄGE

Beantworten Sie folgende Fragen für Monat Juli:

1. Wie viel Gemeinkosten fielen in den Vorkostenstellen Fuhrpark und Fertigungsplanung an?
2. Auf welche Höhe beliefen sich die Gemeinkosten der Hauptkostenstellen Material, Fertigungs-Hauptkostenstelle I bis III, Verwaltung und Vertrieb nach Verrechnung der innerbetrieblichen Leistungen?
3. Wie hoch war der Zuschlagssatz für die Materialgemeinkosten (MGK) und was sagt dieser Wert aus?
4. Wie hoch wären die Materialgemeinkosten für einen Schreibtisch zu kalkulieren, dessen Fertigungsmaterial 1.675,00 € kostet?
5. Wie hoch war der Zuschlagssatz für die Fertigungsgemeinkosten (FGK) in der Kostenstelle „Fertigung I" und was sagt dieser Wert aus?
6. Wie hoch wären für einen Auftrag die Fertigungsgemeinkosten in der Fertigungshauptkostenstelle I zu kalkulieren, wenn in dieser Kostenstelle Lohnkosten in Höhe von 16.420,00 € mit diesem Auftrag verbunden sind?
7. Wie hoch waren die Maschinenstundensätze für das CNC-Fräszentrum und den Lackierautomaten und was sagen diese Werte aus?
8. Wie hoch wären die Maschinenkosten des CNC-Fräszentrums, sofern es für einen Auftrag zwei Stunden lang benötigt wird?
9. Was sagt der Zuschlagssatz für Restgemeinkosten der Fertigungshauptkostenstelle III aus?
10. Wie hoch wären die Restfertigungsgemeinkosten in der Kostenstelle „Fertigung III" für einen Schreibtisch zu kalkulieren, wenn in dieser Kostenstelle Lohnkosten in Höhe von 8.420,00 € für diesen Auftrag anfallen?
11. Wie hoch waren die gesamten Herstellkosten des Umsatzes für alle Produkte im Juli?
12. Wie hoch war der Zuschlagssatz für die Verwaltungsgemeinkosten (VwGK) in der Kostenstelle „Verwaltung" und was sagt dieser Wert aus?
13. Wie erklären Sie sich die Differenz zwischen den Gesamtkosten aus dem Kostenartenplan und den Herstellkosten des Umsatzes?

3 Normalisieren der Kalkulationssätze

ARBEITSAUFTRAG

Übertragen Sie die Ist-Kalkulationssätze des Monats Juli aus dem BAB (⇒ S. 31) in nachfolgende Tabelle und ermitteln Sie anschließend mithilfe des nachfolgenden Infotextes die Normal-Kalkulationssätze für die Angebotskalkulation für den Monat August. Erläutern Sie Ihr Ergebnis.

Ermittlung der Normal-Kalkulationssätze für die Angebotskalkulation August 20.. (Geschäftsjahr)							
	Material-gemein-kosten-Zuschlags-satz	Fertigungs-gemein-kosten-Zuschlags-satz (FHS I) Sägen/Hobeln	Maschinen-stunden-satz (FHS II) CNC-Fräszentrum	Maschinen-stunden-satz (FHS III) Lackierautomat	Restgemein-kosten-Zuschlags-satz (FHS III) Montage	Verwal-tungs-gemein-kosten-Zuschlags-satz	Vertriebs-gemein-kosten-Zuschlags-satz
Kalkulationssätze (Ist-werte) aus BAB I April	9,99 %	25,64 %	140,22 €	80,33 €	32,42 %	8,13 %	4,32 %
Kalkulationssätze (Ist-werte) aus BAB I Mai	9,66 %	21,15 %	138,64 €	79,99 €	32,40 %	8,69 %	4,62 %
Kalkulationssätze (Ist-werte) aus BAB I Juni	9,23 %	20,16 %	132,38 €	76,18 €	31,99 %	8,76 %	5,08 %
Kalkulationssätze (Ist-werte) aus BAB I Juli							
Kalkulationssätze (Nor-malwerte) für August:							

Infotext: Normalisieren von Kalkulationssätzen

Die Kalkulationssätze, die im BAB der letzten Abrechnungsperiode ermittelt wurden, könnten nun zur Kalkulation der Gemeinkosten für die einzelnen Kundenaufträge herangezogen werden. Man bezeichnet diese als „Ist-Kalkulationssätze“ (kurz „Istkostensätze“), da sie den tatsächlichen Istzustand der letzten Abrechnungsperiode widerspiegeln.

Nun kann es aber sein, dass in einer Abrechnungsperiode untypische, einmalige Kostenschwankungen auftreten, wie zum Beispiel Mehrverbräuche oder Mehrkosten, die auf einmalige Verzögerungen in der Produktion zurückzuführen sind. Um solche Ungleichverteilungen und Zufälligkeiten gleichmäßig auf alle Abrechnungsperioden zu verteilen, werden über mehrere vorangegangene Abrechnungsperioden Durchschnittswerte gebildet, welche man als „Normal-Kalkulationssätze“ (kurz „Normalkostensätze“) bezeichnet.

Beispiel:

Ermittlung der Normal-Kalkulationssätze für die Angebotskalkulation August 20.. (Vorjahr)							
	Material-gemein-kosten-Zuschlags-satz	Fertigungs-gemeinkos-ten-Zuschlags-satz (FHS I) Sägen/Hobeln	Maschi-nenstun-densatz (FHS II) CNC-Fräs-zentrum	Maschinen-stundensatz (FHS III) Lackier-automat	Rest-gemeinkos-ten-Zuschlags-satz (FHS III) Montage	Verwal-tungs-gemein-kosten-Zuschlags-satz	Vertriebs-gemeinkos-ten-Zuschlags-satz
Kalkulationssätze (Istwerte) aus BAB I April	9,91 %	23,31 %	136,63 €	79,13 €	28,94 %	7,74 %	4,11 %
Kalkulationssätze (Istwerte) aus BAB I Mai	9,58 %	18,82 %	135,05 €	78,79 €	28,92 %	8,30 %	4,41 %
Kalkulationssätze (Istwerte) aus BAB I Juni	9,15 %	17,83 %	128,79 €	74,98 €	28,51 %	8,37 %	4,87 %
Kalkulationssätze (Istwerte) aus BAB I Juli	9,46 %	18,31 %	132,38 €	76,33 €	28,73 %	8,05 %	4,53 %
Kalkulationssätze (Normalwerte) für August:	**9,53 %**	**19,57 %**	**133,21 €**	**77,31 €**	**28,78 %**	**8,12 %**	**4,48 %**

Diese Normal-Kalkulationssätze werden in der Angebotskalkulation benötigt, um die erwarteten Gemeinkosten den einzelnen Kostenträgern (Produkten, Aufträgen) zuzurechnen. Man spricht dann von der „Normalkostenrechnung“.

Kompaktwissen

Kostenstellenrechnung: Leitfrage und Ziele	
Leitfrage	„Wo sind die Kosten angefallen?"
Ziele	• Ermitteln von Kalkulationssätzen für die Preiskalkulation • Kontrollieren der Kostenentwicklung in den einzelnen Kostenstellen

Schritte der Kostenstellenrechnung

Verteilen der Gemeinkosten aus dem Kostenartenplan auf die einzelnen Kostenstellen

↓

Verrechnen innerbetrieblicher Leistungen zwischen den Kostenstellen

↓

Ermitteln der Kalkulationssätze für die einzelnen Hauptkostenstellen

↓

Normalisieren der Kalkulationssätze (Ermitteln von Durchschnittswerten)

Kostenstellen

Vorkostenstellen

Allgemeine Kostenstellen
Kostenstellen, die dem gesamten Betrieb dienen, z. B. Kantine, Fuhrpark

Hilfskostenstellen
Kostenstellen, die nur bestimmten Kostenstellen dienen, z. B. Werkstatt

Hauptkostenstellen
Zentrale Kostenstellen des Betriebs, welche für Herstellung, Betreuung und Vermarktung der Produkte zuständig sind. Ihre Kalkulationssätze werden für die Preiskalkulation herangezogen.
Üblich sind: Material, Fertigung, Verwaltung, Vertrieb

Gemeinkostenverteilung

Direkte Verteilung (Kostenstelleneinzelkosten)
Zuordnen der Gemeinkosten zu den einzelnen Kostenstellen mithilfe von Belegen (z. B. Rechnungen)

Indirekte Verteilung (Kostenstellengemeinkosten)
Zuordnen der Gemeinkosten zu den einzelnen Kostenstellen mithilfe eines Verteilungsschlüssels (z. B. Quadratmeter bei Hallenmiete)

Formelkasten	
MGK-Zuschlagssatz	$\frac{\text{Materialgemeinkosten} \cdot 100}{\text{Fertigungsmaterial}}$
FGK-Zuschlagssatz	$\frac{\text{Fertigungsgemeinkosten} \cdot 100}{\text{Fertigungslöhne}}$
Maschinenstundensatz	$\frac{\text{Maschinengemeinkosten}}{\text{Maschinenstunden}}$
RestGK-Zuschlagssatz	$\frac{\text{Restgemeinkosten} \cdot 100}{\text{Fertigungslöhne}}$
VwGK-Zuschlagssatz	$\frac{\text{Verwaltungsgemeinkosten} \cdot 100}{\text{Herstellkosten des Umsatzes}}$
VtGK-Zuschlagssatz	$\frac{\text{Vertriebsgemeinkosten} \cdot 100}{\text{Herstellkosten des Umsatzes}}$

Berechnungsschema: Herstellkosten des Umsatzes
Fertigungsmaterial (FM)
+ Materialgemeinkosten (MGK)
= Materialkosten (MK)
Fertigungslöhne (FL)
+ Fertigungsgemeinkosten (FGK)
= Fertigungskosten (FK)
= Herstellkosten der Erzeugung (HKdE)
+ Bestandsminderungen
– Bestandsmehrungen
= Herstellkosten des Umsatzes (HKdU)

Kalkulationssätze

Zuschlagssätze

Pauschale Aufschläge, die auf die Einzelkosten bzw. auf die Herstellkosten prozentual aufgeschlagen werden

Maschinenstundensätze

Eurobetrag, den die betrachtete Maschine pro Stunde kostet

Ist- und Normalkostensätze

Istkostensätze

Kalkulationssätze, die auf Grundlage tatsächlich angefallener Kosten („Istkosten") ermittelt wurden

Normalkostensätze

Durchschnittliche Kalkulationssätze, die auf Grundlage vergangener Abrechnungsperioden ermittelt wurden

Vertiefungsaufgaben

1. Für die Talex GmbH aus Berlin soll die monatliche Betriebsabrechnung durchgeführt werden. Die Gemeinkosten wurden bereits aus dem Kostenartenplan übertragen. Die Lagerbestände an fertigen und unfertigen Erzeugnissen sind gegenüber dem Vormonat unverändert. Folgende Einzelkosten sind angefallen:

   - Fertigungsmaterial: 150.000,00 €,
   - Fertigungslöhne: 110.000,00 €.

   a) Verteilen Sie die Gemeinkosten auf die Kostenstellen.
   b) Verrechnen Sie die innerbetrieblichen Leistungen.
   c) Ermitteln Sie die Kalkulationssätze.

Betriebsabrechnungsbogen (BAB I) April Talex GmbH						
Gemeinkosten		Allgemeine Kostenstelle	Haupt-kostenstelle	Haupt-kostenstelle	Haupt-kostenstelle	Haupt-kostenstelle
Gemeinkostenart	Summe	Kantine	Material	Fertigung	Verwaltung	Vertrieb
Hilfsstoffe	50.000,00					
Betriebsstoffe	45.000,00					
Gehälter	32.000,00					
Kalk. Abschreibungen	22.000,00					
Kalk. Zinsen	18.000,00					
Miete	16.000,00					
Büromaterial	1.400,00					
Summen	**184.400,00**					
Umlage Kantine		↳				
Summen						
Zuschlagsgrundlagen (FM, FL, HKdU)						
Zuschlagssätze für MGK, FGK, VwGK, VtGK (Istwerte)						

Gemeinkostenart	Verteilungs-grundlage	Kantine	Material	Fertigung	Verwaltung	Vertrieb
Hilfsstoffe	Belege	0,00	0,00	50.000,00	0,00	0,00
Betriebsstoffe	Schlüssel	1	2	7	3	2
Gehälter	Gehaltsliste	2.600,00	4.600,00	5.400,00	12.800,00	6.600,00
Kalk. Abschreibungen	Anlagendatei	1.300,00	2.100,00	12.800,00	4.400,00	1.400,00
Kalk. Zinsen	Schlüssel	2	2	10	4	2
Miete	m^2	225	250	1.000	400	125
Büromaterial	Belege	120,00	240,00	20,00	650,00	370,00

Vorkosten-stelle	Umlage-grundlage	Kantine	Material	Fertigung	Verwaltung	Vertrieb
Kantine	Schlüssel		2	10	5	3

Nebenrechnung: Herstellkosten des Umsatzes (HKdU)	
Fertigungsmaterial (FM)	
+ Materialgemeinkosten (MGK)	
= Materialkosten (MK)	
Fertigungslöhne (FL)	
+ Fertigungsgemeinkosten (FGK)	
= Fertigungskosten (FK)	
= Herstellkosten der Erzeugung (HKdE)	
+ Bestandsminderungen	
– Bestandsmehrungen	
= Herstellkosten des Umsatzes (HKdU)	

2. Für die Kessler GmbH aus Hamburg soll die monatliche Betriebsabrechnung durchgeführt werden. Die Gemeinkosten wurden bereits aus der Finanzbuchhaltung übernommen. Die Lagerbestände an fertigen und unfertigen Erzeugnissen sind gegenüber dem Vormonat unverändert. Folgende Einzelkosten sind angefallen:

- Fertigungsmaterial: 288.500,00 €,
- Fertigungslöhne FHS I: 152.000,00 €,
- Fertigungslöhne FHS II: 103.500,00 €.

a) Verteilen Sie die Gemeinkosten auf die Kostenstellen.
b) Verrechnen Sie die innerbetrieblichen Leistungen.
c) Ermitteln Sie die Kalkulationssätze.

Betriebsabrechnungsbogen (BAB I) Januar Kessler GmbH								
Gemeinkosten		Allgemeine Kostenstelle	Hauptkostenstelle	Hilfskostenstelle	Fertigungshauptkostenstellen		Hauptkostenstelle	Hauptkostenstelle
Gemeinkostenart	**Summe**	**Kantine**	**Material**	**Werkstatt**	**FHS I**	**FHS II**	**Verwaltung**	**Vertrieb**
Hilfsstoffe	40.000,00							
Energie	24.000,00							
Gehälter	66.000,00							
Sozialkosten	16.500,00							
Kalk. Abschreibungen	110.000,00							
Kalk. Zinsen	90.000,00							
Miete	16.000,00							
Betriebssteuern	36.000,00							
Sonstige Kosten	45.000,00							
Summen	**443.500,00**							
Umlage Kantine		↳						
Zwischensummen								
Umlage Werkstatt				↳				
Summen								
Zuschlagsgrundlagen (FM, FL, HKdU)								
Zuschlagssätze für MGK, FGK, VwGK, VtGK (Istwerte)								

Gemeinkostenart	Verteilungsgrundlage	Kantine	Material	Werkstatt	FHS I	FHS II	Verwaltung	Vertrieb
Hilfsstoffe	Belege	0,00	0,00	10,00	24.000,00	15.990,00	0,00	0,00
Energie	kWh	6.000	3.000	9.000	48.000	36.000	12.000	6.000
Gehälter	Gehaltsliste	4.400,00	8.800,00	4.400,00	13.200,00	17.600,00	13.200,00	4.400,00
Sozialkosten	Gehaltsliste	1.100,00	2.200,00	1.100,00	3.300,00	4.400,00	3.300,00	1.100,00
Kalk. Abschreibungen	Schlüssel	3	1	2	5	4	3	2
Kalk. Zinsen	Schlüssel	2	1	1	5	3	2	1
Miete	m²	140	50	20	120	290	100	80
Betriebssteuern	Schlüssel	2	4	2	6	8	6	2
Sonstige Kosten	Schlüssel	1	2	1	4	3	2	2

Vorkostenstellen	Umlagegrundlage	Kantine	Material	Werkstatt	FHS I	FHS II	Verwaltung	Vertrieb
Kantine	Schlüssel		2	1	6	5	4	2
Werkstatt	Schlüssel				3	1		

Nebenrechnung: Herstellkosten des Umsatzes (HKdU)	
Fertigungsmaterial (FM)	
+ Materialgemeinkosten (MGK)	
= Materialkosten (MK)	
Fertigungslöhne (FL)	
+ Fertigungsgemeinkosten (FGK)	
= Fertigungskosten (FK)	
= Herstellkosten der Erzeugung (HKdE)	
+ Bestandsminderungen	
– Bestandsmehrungen	
= Herstellkosten des Umsatzes (HKdU)	

3. Für die Braun GmbH aus Köln soll die monatliche Betriebsabrechnung durchgeführt werden. Die Gemeinkosten wurden bereits aus der Finanzbuchhaltung übernommen. Die Lagerbestände an fertigen und unfertigen Erzeugnissen haben sich gegenüber dem Vormonat um 15.000,00 € verringert. Folgende Einzelkosten sind angefallen:

   - Fertigungsmaterial: 260.000,00 €,
   - Fertigungslöhne FHS I: 120.000,00 €,
   - Fertigungslöhne FHS II: 95.000,00 €.

   a) Verteilen Sie die Gemeinkosten auf die Kostenstellen.
   b) Verrechnen Sie die innerbetrieblichen Leistungen.
   c) Ermitteln Sie die Kalkulationssätze.

Betriebsabrechnungsbogen (BAB I) Oktober – Braun GmbH								
Gemeinkosten		Allgemeine Kostenstelle	Hauptkostenstelle	Hilfskostenstelle	Fertigungshauptkostenstellen		Hauptkostenstelle	Hauptkostenstelle
Gemeinkostenart	Summe	Kantine	Material	Arbeitsvorb.	FHS I	FHS II	Verwaltung	Vertrieb
Hilfsstoffe	50.000,00							
Energie	28.000,00							
Gehälter	84.000,00							
Sozialkosten	28.000,00							
Kalk. Abschreibungen	150.000,00							
Kalk. Zinsen	75.000,00							
Miete	21.000,00							
Betriebssteuern	56.000,00							
Sonstige Kosten	45.000,00							
Summen	**537.000,00**							
Umlage Kantine		↳						
Zwischensummen								
Umlage Arbeitsvorbereitung				↳				
Summen								
Zuschlagsgrundlagen (FM, FL, HKdU)								
Zuschlagssätze für MGK, FGK, VwGK, VtGK (Istwerte)								

Gemeinkostenart	Verteilungsgrundlage	Kantine	Material	Arbeitsvorbereitung	FHS I	FHS II	Verwaltung	Vertrieb
Hilfsstoffe	Belege	0,00	0,00	0,00	30.000,00	20.000,00	0,00	0,00
Energie	kWh	7.000	3.500	4.500	62.000	42.000	15.000	6.000
Gehälter	Gehaltsliste	7.200,00	9.600,00	2.400,00	26.400,00	21.600,00	9.600,00	7.200,00
Sozialkosten	Gehaltsliste	2.400,00	3.200,00	800,00	8.800,00	7.200,00	3.200,00	2.400,00
Kalk. Abschreibungen	Anlagendatei	9.000,00	15.000,00	6.750,00	45.250,00	62.000,00	8.000,00	4.000,00
Kalk. Zinsen	Schlüssel	3	2	1	5	8	5	1
Miete	m²	100	200	30	260	450	220	140
Betriebssteuern	Schlüssel	3	4	1	11	9	4	3
Sonstige Kosten	Schlüssel	1	2	1	4	3	2	2

Vorkostenstellen	Umlagegrundlage	Kantine	Material	Arbeitsvorbereitung	FHS I	FHS II	Verwaltung	Vertrieb
Kantine	Schlüssel		4	2	12	10	8	4
Arbeitsvorb.	Schlüssel				2	1		

Nebenrechnung: Herstellkosten des Umsatzes (HKdU)	
Fertigungsmaterial (FM)	
+ Materialgemeinkosten (MGK)	
= Materialkosten (MK)	
Fertigungslöhne (FL)	
+ Fertigungsgemeinkosten (FGK)	
= Fertigungskosten (FK)	
= Herstellkosten der Erzeugung (HKdE)	
+ Bestandsminderungen	
– Bestandsmehrungen	
= Herstellkosten des Umsatzes (HKdU)	

4. Für die Metallbau OHG aus Rostock soll die monatliche Betriebsabrechnung durchgeführt werden. Die Gemeinkosten wurden bereits aus der Finanzbuchhaltung übernommen. Die Lagerbestände an fertigen Erzeugnissen haben sich gegenüber dem Vormonat um 24.000,00 € erhöht. Folgende Einzelkosten sind angefallen:

   - Fertigungsmaterial: 950.000,00 €,
   - Fertigungslöhne FHS I: 740.000,00 €,
   - Fertigungslöhne FHS II: 230.000,00 €,
   - Maschinenlaufzeit Automat in der FHS II: 400 Stunden.

   a) Verteilen Sie die Gemeinkosten auf die Kostenstellen.
   b) Verrechnen Sie die innerbetrieblichen Leistungen.
   c) Ermitteln Sie die Kalkulationssätze.

Betriebsabrechnungsbogen Mai (BAB I) – Metallbau OHG								
Gemeinkosten		**Allgemeine Kostenstelle**	**Hauptkostenstelle**	**Fertigungshauptkostenstellen**			**Hauptkostenstelle**	**Hauptkostenstelle**
				FHS I	**FHS II**			
Gemeinkostenart	**Summe**	**Fuhrpark**	**Material**	**Fertigung**	**Automat**	**Restgemeinkosten**	**Verwaltung**	**Vertrieb**
Hilfsstoffe	14.600,00							
Betriebsstoffe	12.500,00							
Gehälter	110.000,00							
Sozialkosten	37.000,00							
Kalk. Abschreibungen	159.000,00							
Kalk. Zinsen	140.000,00							
Kalk. Unternehmerlohn	12.000,00							
Miete	12.000,00							
Fremdinstandhaltung	4.000,00							
Sonstige Kosten	75.000,00							
Summen	**576.100,00**							
Umlage Fuhrpark		↳						
Summen								
Zuschlagsgrundlagen (FM, FL, HKdU)								
Zuschlagssätze für MGK, FGK, VwGK, VtGK (Ist)								
Maschinenstunden gesamt								
Maschinenstundensatz (Istwert)								

Nebenrechnung: Herstellkosten des Umsatzes (HKdU)	
Fertigungsmaterial (FM)	
+ Materialgemeinkosten (MGK)	
= Materialkosten (MK)	
Fertigungslöhne (FL)	
+ Fertigungsgemeinkosten (FGK)	
= Fertigungskosten (FK)	
= Herstellkosten der Erzeugung (HKdE)	
+ Bestandsminderungen	
– Bestandsmehrungen	
= Herstellkosten des Umsatzes (HKdU)	

Gemeinkostenart	Vertelungs-grundlage	Fuhrpark	Material	Fertigung	Automat	Restge-meinkosten	Verwal-tung	Vertrieb
Hilfsstoffe	Belege	0,00	0,00	7.300,00	4.380,00	2.920,00	0,00	0,00
Betriebsstoffe	Schlüssel	8	3	10	11	8	6	4
Gehälter	Gehaltsliste	22.000,00	11.500,00	8.200,00	7.500,00	6.200,00	42.500,00	12.100,00
Sozialkosten	Gehaltsliste	7.480,00	3.600,00	2.800,00	2.300,00	2.200,00	14.300,00	4.320,00
Kalk. Abschreibungen	Schlüssel	3	2	7	9	3	4	2
Kalk. Zinsen	Schlüssel	2	1	5	7	2	2	1
Kalk. Unternehmerlohn	Schlüssel	1	2	2	2	1	8	4
Miete	m^2	60	120	280	70	210	190	70
Fremdinstandhaltung	Belege	800,00	600,00	840,00	960,00	480,00	320,00	0,00
Sonstige Kosten	Schlüssel	1	1	3	3	3	2	2

Vorkostenstelle	Umlage-grundlage	Fuhrpark	Material	Fertigung	Automat	Restge-meinkosten	Verwal-tung	Vertrieb
Fuhrpark	Schlüssel		1	0	0	0	2	7

5. Der Werkzeughersteller Scholl & Behrendsen KG aus Essen arbeitet mit drei verschiedenen Fräsautomaten, welche jeweils als eigenständige Fertigungshauptkostenstellen geführt werden:

Herstellerangaben			
	Fräsautomat 1	**Fräsautomat 2**	**Fräsautomat 3**
Anschaffungskosten in €	640.000,00	750.000,00	820.000,00
Wiederbeschaffungskosten in €	704.000,00	825.000,00	902.000,00
Nutzungsdauer in Jahren	8	8	10
Platzbedarf (Quadratmeter)	42	55	35
Maximale Laufzeit in Stunden/Jahr	2.000	2.000	2.000
Stillstandszeiten/Umrüstung in Stunden/Jahr	300	400	200
Instandhaltung in Stunden/Jahr	100	120	180
Instandhaltungskosten als Anteil vom Wiederbeschaffungswert	5 %	5 %	5 %
Elektrischer Anschlusswert (Leistung) in kW	30	36	40

Informationen aus dem Controlling	
Kosten einer Kilowattstunde (kWh) Strom	0,15
Platzkosten je Quadratmeter/Monat in €	20,00
Kalkulatorischer Zinssatz:	6 % vom durchschnittlich gebundenen Kapital

Berechnung der Maschinengemeinkosten – Scholl & Behrendsen			
	Fräsautomat 1	**Fräsautomat 2**	**Fräsautomat 3**
Kalkulatorische Abschreibung/Jahr			
Kalkulatorische Zinsen/Jahr			
Instandhaltungskosten/Jahr			
Raumkosten/Jahr			
Energiekosten/Jahr			
Summe Maschinengemeinkosten/Jahr			
Produktive Maschinenlaufzeit in Stunden/Jahr			
Maschinenstundensatz			

Berechnen Sie für die drei Fräsautomaten die jährlichen Maschinengemeinkosten sowie die zugehörigen Maschinenstundensätze für die Angebotskalkulation.

6. Kreuzen Sie an, ob die nachfolgenden Aussagen richtig oder falsch sind:

Aussagen	richtig	falsch
a) Mithilfe des BAB werden die Einzelkosten je Kostenstelle ermittelt.		
b) Gemeinkosten werden stets mit einem Verteilungsschlüssel umverteilt.		
c) Mithilfe des BAB werden die Normal-Kalkulationssätze ermittelt.		
d) Prozentuale Zuschlagssätze sind Kalkulationssätze.		
e) Maschinenstundensätze sind keine Kalkulationssätze.		
f) Mithilfe des BAB wird die Wirtschaftlichkeit von Kostenstellen kontrolliert.		
g) Mithilfe des BAB werden die Gemeinkosten je Kostenstelle ermittelt.		
h) Zuschlagsgrundlage für Vertriebsgemeinkosten sind die Herstellkosten.		

D Kostenträgerrechnung als Vollkostenrechnung

Praxisfall „Crome KG“

1 Kalkulieren von Angeboten mit Kalkulationssätzen

1.1 Kalkulieren von Verkaufspreisen

Auch für Monat August gehen mehrere Kundenanfragen zu Preisen der verschiedenen Schreibtischtypen bei der Crome KG ein. Um entsprechende Angebote erstellen zu können, müssen die Kosten und Verkaufspreise für die einzelnen Aufträge kalkuliert werden. Herr Crome verlangt 12 % Gewinnzuschlag, der Vertrieb gewährt 20 % Kundenrabatt und 2 % Skonto bei Zahlung innerhalb von 14 Tagen. Bei den nachfolgenden Kalkulationen fallen keine Sondereinzelkosten der Fertigung oder des Vertriebs an.

ARBEITSAUFTRAG

Kalkulieren Sie mithilfe der von Ihnen ermittelten Kalkulationssätze (⇒ S. 39) und des nachfolgenden Infotextes die vorliegenden vier Angebote. Der Meister hat in der ersten Angebotskalkulation bereits die erwarteten Einzelkosten (Fertigungsmaterial, Fertigungslöhne) sowie die erforderlichen Maschinenstunden eingetragen:

Erstellen eines Angebots für Kunde Herrmann:

Angebotskalkulation Nr. 1: Schreibtisch Typ A für Kunde Herrmann				
	Kalk.-Satz	**Position**		**Betrag**
		Fertigungsmaterial (FM)		8.000,00
+		Materialgemeinkosten (MGK)		
=		**Materialkosten (MK)**		
		Fertigungslöhne (FL) in FHS I		3.500,00
+		Fertigungsgemeinkosten (FGK) in FHS I		
+		Maschinengemeinkosten (CNC-Fräszentrum) in FHS II	12,0 Std.	
+		Maschinengemeinkosten (Lackierautomat) in FHS III	16,0 Std.	
+		Fertigungslöhne (FL) in FHS III		1.500,00
+		Restgemeinkosten (RGK) in FHS III		
+		Sondereinzelkosten der Fertigung (SEKF)		
=		**Fertigungskosten (FK)**		
=		**Herstellkosten (HK)**		
+		Verwaltungsgemeinkosten (VwGK)		
+		Vertriebsgemeinkosten (VtGK)		
+		Sondereinzelkosten des Vertriebs (SEKV)		
=		**Selbstkosten (SK)**		
+		Gewinn		
=		**Barverkaufspreis (BVP)**		
+		Kundenskonto		
=		**Zielverkaufspreis (ZVP)**		
+		Kundenrabatt		
=		**Listenverkaufspreis (LVP)**		

Infotext: Kalkulieren von Verkaufspreisen („Vorwärtskalkulation")

Um dem Kunden ein Angebot unterbreiten zu können, muss der Unternehmer die mit dem Auftrag verbundenen Kosten sorgfältig kalkulieren. Auf Grundlage der vermuteten Kosten kann er dann einen Verkaufspreis ermitteln. Dieses Verfahren, bei dem man ausgehend von den Kosten für Fertigungsmaterial nach und nach einen Listenverkaufspreis ermittelt, wird auch als „Vorwärtskalkulation" bezeichnet. Diese Form der Ermittlung von Verkaufspreisen kommt immer dann zur Anwendung, wenn das Unternehmen eine Chance hat, seine Preisvorstellung durchzusetzen.

Beispiel:

Angebotskalkulation Nr. 17: Schreibtisch Typ A für Kunde Mustermann

	Kalk.-Satz	Position		Betrag
		Fertigungsmaterial (FM)		10.000,00
+	9,53 %	Materialgemeinkosten (MGK)		953,00
=		**Materialkosten (MK)**		**10.953,00**
		Fertigungslöhne (FL) in FHS I		4.375,00
+	19,57 %	Fertigungsgemeinkosten (FGK) in FHS I		856,19
+	133,21 €	Maschinengemeinkosten (CNC-Fräszentrum) in FHS II	15,0 Std.	1.998,15
+	77,31 €	Maschinengemeinkosten (Lackierautomat) in FHS III	20,0 Std.	1.546,20
+		Fertigungslöhne (FL) in FHS III		1.875,00
+	28,78 %	Restgemeinkosten (RGK) in FHS III		539,63
+		Sondereinzelkosten der Fertigung (SEKF)		0,00
=		**Fertigungskosten (FK)**		**11.190,17**
=		**Herstellkosten (HK)**		**22.143,17**
+	8,12 %	Verwaltungsgemeinkosten (VwGK)		1.798,03
+	4,48 %	Vertriebsgemeinkosten (VtGK)		992,01
+		Sondereinzelkosten des Vertriebs (SEKV)		0,00
=		**Selbstkosten (SK)**		**24.933,21**
+	12 %	Gewinn		2.991,99
=		**Barverkaufspreis (BVP)**		**27.925,20**
+	2 %	Kundenskonto		569,90
=		**Zielverkaufspreis (ZVP)**		**28.495,10**
+	20 %	Kundenrabatt		7.123,78
=		**Listenverkaufspreis (LVP)**		**35.618,88**

Schritt 1: Ermitteln der Materialkosten: Als Fachmann kann der Meister mithilfe von Zeichnungen und Stücklisten genau berechnen, welche Kosten für Fertigungsmaterial (Rohstoffe und Vorprodukte/Fremdbauteile) für ein Produkt anfallen. Diesen im Voraus bekannten Einzelkosten kann der Controller nun mithilfe des Normalkostensatzes die Material-Gemeinkosten zuschlagen. Die Kosten für das Fertigungsmaterial und die Material-Gemeinkosten zusammen ergeben die Materialkosten.

Schritt 2: Ermitteln der Fertigungskosten: Das Verfahren zur Berechnung der Fertigungskosten hängt davon ab, ob es sich um lohn- oder kapitalintensive Fertigungsbereiche handelt – also hohe Lohn- oder hohe Maschinenkosten anfallen. In unserem Beispiel ist die FHS I lohnintensiv, die FHS II kapitalintensiv und die FHS III vereint lohn- mit kapitalintensiver Fertigung.

- In Fertigungsbereichen mit **lohnintensiver Fertigung** eignen sich Löhne als Zuschlagsgrundlage, denn auch sie können, wie die Kosten für Fertigungsmaterial, dem Produkt im Voraus zugeordnet werden (Einzelkosten) und stellen den Hauptanteil der Kosten dar. Also berechnet der Unternehmer die mit dem Auftrag verbundenen Lohnkosten und schlägt diesen mithilfe des Normalkostensatzes die Fertigungsgemeinkosten zu. In unserem Beispiel geschieht das in den Fertigungshauptkostenstellen I und III.[1]

1 Der Begriff „Rest"-Gemeinkosten" in der Fertigung III macht lediglich deutlich, dass in derselben Kostenstelle gleichzeitig ein Maschinenstundensatz (hier: für den Lackierautomaten) und ein Fertigungs-Gemeinkostensatz (hier: für die Montage) ermittelt wird.

- In Kostenstellen mit **kapitalintensiver Fertigung** ist ein Fertigungsgemeinkostenzuschlag nicht sinnvoll, da hier die Lohnkosten eher gering und die Gemeinkosten eher hoch sind. Dadurch kommt es leicht zu überhöhten und damit sehr ungenauen Fertigungsgemeinkostensätzen, die in der betrieblichen Praxis mehrere hundert bis tausend Prozent betragen können. Deshalb schätzt der Unternehmer die erforderliche Anzahl an Maschinenstunden für den Auftrag und multipliziert diese mit dem normalisierten Maschinenstundensatz. Auch dieser wird regelmäßig im BAB ermittelt. In unserem Beispiel gilt das für das CNC-Fräszentrum (FHS II) und den Lackierautomaten (FHS III).

Fallen zusätzlich einmalige Fertigungskosten an, die nur mit diesem Auftrag verbunden sind (z. B. Herstellung von Spezialwerkzeugen), so spricht man von „Sondereinzelkosten der Fertigung“. Die Summe aus den Fertigungskosten aller Fertigungskostenstellen und den Sondereinzelkosten der Fertigung ergibt die Fertigungskosten.

Schritt 3: Ermitteln der Herstellkosten: Die Herstellkosten errechnen sich als Summe aus Materialkosten und Fertigungskosten. Sie beinhalten alle Kosten der Kostenstellen „Material“ und „Fertigung“ und decken damit alle Kosten, die mit der Lagerung und Produktion verbunden sind, vollständig ab.

Schritt 4: Ermitteln der Selbstkosten: Die Verwaltungs- und Vertriebskosten werden auf Grundlage der Herstellkosten ermittelt. Dazu wird der normalisierte Verwaltungs- bzw. Vertriebsgemeinkosten-Zuschlagssatz mit den Herstellkosten multipliziert. Hinzu kommen ggf. „Sondereinzelkosten des Vertriebs“. Dabei handelt es sich um einmalige Vertriebskosten, die nur mit diesem Auftrag verbunden sind (z. B. spezielle Schutzverpackungen). Herstellkosten und die Kosten für Verwaltung und Vertrieb ergeben zusammen die Selbstkosten, die alle Kosten, die mit diesem Auftrag verbunden sind, enthalten.

Schritt 5: Ermitteln des Barverkaufspreises: Den Selbstkosten schlägt der Unternehmer nun einen realistischen Gewinnzuschlag hinzu, der als Prozentsatz der Selbstkosten angegeben wird. Selbstkosten und Gewinnzuschlag zusammen ergeben den Barverkaufspreis.

Schritt 6: Ermitteln des Zielverkaufspreises: Um die Kunden zur vorzeitigen Zahlung zu motivieren, wird ihnen häufig eine Preisermäßigung bei Zahlung innerhalb einer vereinbarten Skontofrist gewährt. Dieser sogenannte „Skonto“ beläuft sich in der Praxis auf 2 oder 3 % vom Zielverkaufspreis. Also muss der Unternehmer diesen Skonto von vornherein in den Zielverkaufspreis hineinkalkulieren. Täte er das nicht, würde die Inanspruchnahme des Skontos durch den Kunden seinen Gewinn schmälern.

Da der Skontobetrag für den Kunden als prozentualer Anteil vom Zielverkaufspreis angegeben wird und dieser ja noch unbekannt ist, muss der Skontobetrag „im Hundert“ errechnet werden, denn Barverkaufspreis und Skontobetrag zusammen ergeben die gesuchten 100 % Zielverkaufspreis. In unserem Beispiel setzt sich der Zielverkaufspreis zusammen aus 98 % Barverkaufspreis und 2 % Skonto. Deshalb ist hier der bereits bekannte Barverkaufspreis durch 98 zu teilen, um ein Prozent des Zielverkaufspreises zu ermitteln. Dieser Betrag ist mit 2 zu multiplizieren, um den Skontobetrag zu erhalten und mit 100 zu multiplizieren, um den Zielverkaufspreis zu berechnen.

Schritt 7: Ermitteln des Listenverkaufspreises: Häufig werden dem Kunden Rabatte gewährt. Dabei handelt es sich um Preisnachlässe etwa für die Abnahme von Mindestmengen (Mengenrabatte) oder für bestimmte Kunden (Kundenrabatte). In diesem Fall muss der Unternehmer den Rabatt ebenso wie den Skonto in den Listenverkaufspreis hineinkalkulieren, um bei Rabattgewährung keinen Gewinn einzubüßen.

Da der Rabatt für den Kunden als prozentualer Anteil vom Listenverkaufspreis angegeben wird und dieser ja noch unbekannt ist, muss auch dieser „im Hundert“ errechnet werden, denn Zielverkaufspreis und Kundenrabatt zusammen ergeben die gesuchten 100 % Listenverkaufspreis. In unserem Beispiel setzt sich der Listenverkaufspreis zusammen aus 80 % Zielverkaufspreis und 20 % Rabatt. Deshalb ist hier der bereits bekannte Zielverkaufspreis durch 80 zu teilen, um ein Prozent des Listenverkaufspreises zu ermitteln. Das Ergebnis ist mit 20 zu multiplizieren, um den Rabattbetrag zu erhalten und mit 100 zu multiplizieren, um den Zielverkaufspreis zu berechnen.

Erstellen eines Angebots für Kunde Haase:

Einzelkosten

Fertigungsmaterial (Rohholz, Beschläge):	4.500,00 €
Fertigungslöhne (Sägen, Hobeln):	1.968,75 €
Fertigungslöhne (Lackieren, Montieren):	843,75 €

Maschinenstunden

Anzahl Maschinenstunden CNC-Fräszentrum:	6,0
Anzahl Maschinenstunden Lackierautomat:	4,5

Angebotskalkulation Nr. 2: Schreibtisch Typ B für Kunde Haase

	Kalk.-Satz	Position		Betrag
		Fertigungsmaterial (FM)		
+		Materialgemeinkosten (MGK)		
=		**Materialkosten (MK)**		
		Fertigungslöhne (FL) in FHS I		
+		Fertigungsgemeinkosten (FGK) in FHS I		
+		Maschinengemeinkosten (CNC-Fräszentrum) in FHS II		
+		Maschinengemeinkosten (Lackierautomat) in FHS III		
+		Fertigungslöhne (FL) in FHS III		
+		Restgemeinkosten (RGK) in FHS III		
+		Sondereinzelkosten der Fertigung (SEKF)		
=		**Fertigungskosten (FK)**		
=		**Herstellkosten (HK)**		
+		Verwaltungsgemeinkosten (VwGK)		
+		Vertriebsgemeinkosten (VtGK)		
+		Sondereinzelkosten des Vertriebs (SEKV)		
=		**Selbstkosten (SK)**		
+		Gewinn		
=		**Barverkaufspreis (BVP)**		
+		Kundenskonto		
=		**Zielverkaufspreis (ZVP)**		
+		Kundenrabatt		
=		**Listenverkaufspreis (LVP)**		

Erstellen eines Angebots für Kunde Liedtke:

Einzelkosten

Fertigungsmaterial (Rohholz, Beschläge):	13.500,00 €
Fertigungslöhne (Sägen, Hobeln):	5.906,40 €
Fertigungslöhne (Lackieren, Montieren):	2.531,40 €

Maschinenstunden

Anzahl Maschinenstunden CNC-Fräszentrum:	15,0
Anzahl Maschinenstunden Lackierautomat:	18,0

Angebotskalkulation Nr. 3: Schreibtisch Typ C für Kunde Liedtke				
	Kalk.-Satz	**Position**		**Betrag**
		Fertigungsmaterial (FM)		
+		Materialgemeinkosten (MGK)		
=		**Materialkosten (MK)**		
		Fertigungslöhne (FL) in FHS I		
+		Fertigungsgemeinkosten (FGK) in FHS I		
+		Maschinengemeinkosten (CNC-Fräszentrum) in FHS II		
+		Maschinengemeinkosten (Lackierautomat) in FHS III		
+		Fertigungslöhne (FL) in FHS III		
+		Restgemeinkosten (RGK) in FHS III		
+		Sondereinzelkosten der Fertigung (SEKF)		
=		**Fertigungskosten (FK)**		
=		**Herstellkosten (HK)**		
+		Verwaltungsgemeinkosten (VwGK)		
+		Vertriebsgemeinkosten (VtGK)		
+		Sondereinzelkosten des Vertriebs (SEKV)		
=		**Selbstkosten (SK)**		
+		Gewinn		
=		**Barverkaufspreis (BVP)**		
+		Kundenskonto		
=		**Zielverkaufspreis (ZVP)**		
+		Kundenrabatt		
=		**Listenverkaufspreis (LVP)**		

Erstellen eines Angebots für Kunde Fischer:

Einzelkosten

Fertigungsmaterial (Rohholz, Beschläge):	12.000,00 €
Fertigungslöhne (Sägen, Hobeln):	5.250,00 €
Fertigungslöhne (Lackieren, Montieren):	2.250,00 €

Maschinenstunden

Anzahl Maschinenstunden CNC-Fräszentrum:	18,0
Anzahl Maschinenstunden Lackierautomat:	24,0

Angebotskalkulation Nr. 4: Schreibtisch Typ A für Kunde Fischer				
	Kalk.-Satz	**Position**		**Betrag**
		Fertigungsmaterial (FM)		
+		Materialgemeinkosten (MGK)		
=		**Materialkosten (MK)**		
		Fertigungslöhne (FL) in FHS I		
+		Fertigungsgemeinkosten (FGK) in FHS I		
+		Maschinengemeinkosten (CNC-Fräszentrum) in FHS II		
+		Maschinengemeinkosten (Lackierautomat) in FHS III		
+		Fertigungslöhne (FL) in FHS III		
+		Restgemeinkosten (RGK) in FHS III		
+		Sondereinzelkosten der Fertigung (SEKF)		
=		**Fertigungskosten (FK)**		
=		**Herstellkosten (HK)**		
+		Verwaltungsgemeinkosten (VwGK)		
+		Vertriebsgemeinkosten (VtGK)		
+		Sondereinzelkosten des Vertriebs (SEKV)		
=		**Selbstkosten (SK)**		
+		Gewinn		
=		**Barverkaufspreis (BVP)**		
+		Kundenskonto		
=		**Zielverkaufspreis (ZVP)**		
+		Kundenrabatt		
=		**Listenverkaufspreis (LVP)**		

1.2 Ermitteln des Gewinns bei vorgegebenen Verkaufspreisen

Alle Kunden außer Fischer nehmen das Angebot an und bestellen. Fischer hingegen teilt mit, dass ihm der Preis zu hoch ist, zu einem geringeren Preis wäre er jedoch durchaus zum Kauf bereit. Darüber hinaus gehen weitere Anfragen von den Kunden Didczuneit, Gabbert und Wolf ein, die ebenfalls nur zu von ihnen vorgegebenen Listenverkaufspreisen bestellen würden. Die Crome KG aber hat das Problem, dass sie die Selbstkosten nicht senken kann.

ARBEITSAUFTRAG

Ermitteln Sie mithilfe des nachfolgenden Infotextes für die folgenden Angebote die erzielbaren Gewinne und den Gewinnzuschlag in Prozent. Aufgrund der angespannten Geschäftslage weist Herr Crome an, alle Aufträge anzunehmen, die einen Gewinn erwirtschaften. Der Meister hat in der ersten Angebotskalkulation bereits die erwarteten Einzelkosten für Fertigungsmaterial, Vorprodukte/Fremdbauteile und Lohnkosten sowie die geschätzten Maschinenstunden angegeben, die von den Kunden vorgegebenen Listenverkaufspreise wurden auch bereits von der Vertriebsabteilung eingetragen.

Angebotskalkulation Nr. 5: Schreibtisch Typ A für Kunde Fischer				
	Kalk.-Satz	**Position**		**Betrag**
		Fertigungsmaterial (FM)		12.000,00
+		Materialgemeinkosten (MGK)		
=		**Materialkosten (MK)**		
		Fertigungslöhne (FL) in FHS I		5.250,00
+		Fertigungsgemeinkosten (FGK) in FHS I		
+		Maschinengemeinkosten (CNC-Fräszentrum) in FHS II	18,0 Std.	
+		Maschinengemeinkosten (Lackierautomat) in FHS III	24,0 Std.	
+		Fertigungslöhne (FL) in FHS III		2.250,00
+		Restgemeinkosten (RGK) in FHS III		
+		Sondereinzelkosten der Fertigung (SEKF)		
=		**Fertigungskosten (FK)**		
=		**Herstellkosten (HK)**		
+		Verwaltungsgemeinkosten (VwGK)		
+		Vertriebsgemeinkosten (VtGK)		
+		Sondereinzelkosten des Vertriebs (SEKV)		
=		**Selbstkosten (SK)**		
+		Gewinn		
=		**Barverkaufspreis (BVP)**		
+		Kundenskonto		
=		**Zielverkaufspreis (ZVP)**		
+		Kundenrabatt		
=		**Listenverkaufspreis (LVP)**		35.000,00

Infotext: Differenzkalkulation

Für viele Anbieter ist es nicht möglich, den mithilfe der Vorwärtskalkulation ermittelten Listenverkaufspreis bei ihren Kunden durchzusetzen, da sie mit anderen Anbietern im Preiswettbewerb stehen. Was hilft es dem Unternehmer, wenn er einen Listenverkaufspreis kalkuliert und die Konkurrenz das Produkt gleichzeitig günstiger anbietet? In diesem Fall wird das Pferd von hinten aufgezogen: Ausgehend von einem vorgegebenen Listenverkaufspreis kalkuliert der Unternehmer nun „rückwärts" seinen Barverkaufspreis. Sofern die Selbstkosten nicht gesenkt werden können, verringert sich entsprechend der Gewinn, welcher als Differenz zwischen Barverkaufspreis und Selbstkosten verbleibt:

Angebotskalkulation Nr. 1: Schreibtisch Typ A für Kunde Mustermann				
	Kalk.-Satz	Position		Betrag
		Fertigungsmaterial (FM)		10.000,00
+	9,53 %	Materialgemeinkosten (MGK)		953,00
=		**Materialkosten (MK)**		**10.953,00**
		Fertigungslöhne (FL) in FHS I		4.375,00
+	19,57 %	Fertigungsgemeinkosten (FGK) in FHS I		856,19
+	133,21 €	Maschinengemeinkosten (CNC-Fräszentrum) in FHS II	15,0 Std.	1.998,15
+	77,31 €	Maschinengemeinkosten (Lackierautomat) in FHS III	20,0 Std.	1.546,20
+		Fertigungslöhne (FL) in FHS III		1.875,00
+	28,78 %	Restgemeinkosten (RGK) in FHS III		539,63
+		Sondereinzelkosten der Fertigung (SEKF)		0,00
=		**Fertigungskosten (FK)**		**11.190,17**
=		**Herstellkosten (HK)**		**22.143,17**
+	8,12 %	Verwaltungsgemeinkosten (VwGK)		1.798,03
+	4,48 %	Vertriebsgemeinkosten (VtGK)		992,01
+		Sondereinzelkosten des Vertriebs (SEKV)		0,00
=		**Selbstkosten (SK)**		**24.933,21**
+	6,91 %	Gewinn		1.722,79
=		**Barverkaufspreis (BVP)**		**26.656,00**
+	2 %	Kundenskonto		544,00
=		**Zielverkaufspreis (ZVP)**		**27.200,00**
+	20 %	Kundenrabatt		6.800,00
=		**Listenverkaufspreis (LVP)**		**34.000,00**

Schritte der Differenzkalkulation

Schritt 1: Ermitteln der Selbstkosten: Die Berechnung erfolgt wie bei der Vorwärtskalkulation.

Schritt 2: Ermitteln des Zielverkaufspreises: Nun wird der vom Markt bzw. Kunden vorgegebene Listenverkaufspreis in das Kalkulationsschema eingetragen. Von diesem wird der Rabatt als Prozentsatz abgezogen („vom Hundert") um den Zielverkaufspreis zu ermitteln. In unserem Beispiel wird der vorgegebene Listenverkaufspreis einfach mit 20 % multipliziert und der ermittelte Rabattbetrag vom Listenverkaufspreis abgezogen.

Schritt 3: Ermitteln des Barverkaufspreises: Vom neuen Zielverkaufspreis wird dann nach demselben Prinzip („vom Hundert") der Skontobetrag als Prozentsatz vom Zielverkaufspreis abgezogen. Ergebnis ist der neue Barverkaufspreis. In unserem Beispiel wird der Zielverkaufspreis mit 2 % multipliziert und der ermittelte Skontobetrag vom Zielverkaufspreis abgezogen.

Schritt 4: Ermitteln von Gewinn und Gewinnzuschlag: Zieht man vom neuen Barverkaufspreis die Selbstkosten (unverändert aus der Vorwärtskalkulation übernommen) ab, so erhält man den verbleibenden Gewinn bzw. Verlust als Differenz in Euro. Teilt man diesen durch die Selbstkosten (multipliziert mit 100), erhält man den prozentualen Gewinnzuschlag.

Erstellen eines Angebots für Kunde Didczuneit:

Einzelkosten

Fertigungsmaterial (Rohholz, Beschläge):	29.000,00 €
Fertigungslöhne (Sägen, Hobeln):	12.687,50 €
Fertigungslöhne (Lackieren, Montieren):	5.437,50 €

Maschinenstunden

Anzahl Maschinenstunden CNC-Fräszentrum:	43,5
Anzahl Maschinenstunden Lackierautomat:	58,0

Angebotskalkulation Nr. 6: Schreibtisch Typ A für Kunde Didczuneit				
	Kalk.-Satz	**Position**		**Betrag**
		Fertigungsmaterial (FM)		
+		Materialgemeinkosten (MGK)		
=		**Materialkosten (MK)**		
		Fertigungslöhne (FL) in FHS I		
+		Fertigungsgemeinkosten (FGK) in FHS I		
+		Maschinengemeinkosten (CNC-Fräszentrum) in FHS II		
+		Maschinengemeinkosten (Lackierautomat) in FHS III		
+		Fertigungslöhne (FL) in FHS III		
+		Restgemeinkosten (RGK) in FHS III		
+		Sondereinzelkosten der Fertigung (SEKF)		
=		**Fertigungskosten (FK)**		
=		**Herstellkosten (HK)**		
+		Verwaltungsgemeinkosten (VwGK)		
+		Vertriebsgemeinkosten (VtGK)		
+		Sondereinzelkosten des Vertriebs (SEKV)		
=		**Selbstkosten (SK)**		
+		Gewinn		
=		**Barverkaufspreis (BVP)**		
+		Kundenskonto		
=		**Zielverkaufspreis (ZVP)**		
+		Kundenrabatt		
=		**Listenverkaufspreis (LVP)**		**100.000,00**

Erstellen eines Angebots für Kunde Gabbert:

Einzelkosten

Fertigungsmaterial (Rohholz, Beschläge):	30.000,00 €
Fertigungslöhne (Sägen, Hobeln):	13.125,00 €
Fertigungslöhne (Lackieren, Montieren):	5.625,00 €

Maschinenstunden

Anzahl Maschinenstunden CNC-Fräszentrum:	40,0
Anzahl Maschinenstunden Lackierautomat:	30,0

Angebotskalkulation Nr. 7: Schreibtisch Typ B für Kunde Gabbert				
	Kalk.-Satz	**Position**		**Betrag**
		Fertigungsmaterial (FM)		
+		Materialgemeinkosten (MGK)		
=		**Materialkosten (MK)**		
		Fertigungslöhne (FL) in FHS I		
+		Fertigungsgemeinkosten (FGK) in FHS I		
+		Maschinengemeinkosten (CNC-Fräszentrum) in FHS II		
+		Maschinengemeinkosten (Lackierautomat) in FHS III		
+		Fertigungslöhne (FL) in FHS III		
+		Restgemeinkosten (RGK) in FHS III		
+		Sondereinzelkosten der Fertigung (SEKF)		
=		**Fertigungskosten (FK)**		
=		**Herstellkosten (HK)**		
+		Verwaltungsgemeinkosten (VwGK)		
+		Vertriebsgemeinkosten (VtGK)		
+		Sondereinzelkosten des Vertriebs (SEKV)		
=		**Selbstkosten (SK)**		
+		Gewinn		
=		**Barverkaufspreis (BVP)**		
+		Kundenskonto		
=		**Zielverkaufspreis (ZVP)**		
+		Kundenrabatt		
=		**Listenverkaufspreis (LVP)**		**95.000,00**

Erstellen eines Angebots für Kunde Wolf:

Einzelkosten

Fertigungsmaterial (Rohholz, Beschläge):	10.000,00 €
Fertigungslöhne (Sägen, Hobeln):	4.375,00 €
Fertigungslöhne (Lackieren, Montieren):	1.875,00 €

Maschinenstunden

Anzahl Maschinenstunden CNC-Fräszentrum:	15,0
Anzahl Maschinenstunden Lackierautomat:	20,0

Angebotskalkulation Nr. 8: Schreibtisch Typ A für Kunde Wolf

	Kalk.-Satz	Position		Betrag
		Fertigungsmaterial (FM)		
+		Materialgemeinkosten (MGK)		
=		**Materialkosten (MK)**		
		Fertigungslöhne (FL) in FHS I		
+		Fertigungsgemeinkosten (FGK) in FHS I		
+		Maschinengemeinkosten (CNC-Fräszentrum) in FHS II		
+		Maschinengemeinkosten (Lackierautomat) in FHS III		
+		Fertigungslöhne (FL) in FHS III		
+		Restgemeinkosten (RGK) in FHS III		
+		Sondereinzelkosten der Fertigung (SEKF)		
=		**Fertigungskosten (FK)**		
=		**Herstellkosten (HK)**		
+		Verwaltungsgemeinkosten (VwGK)		
+		Vertriebsgemeinkosten (VtGK)		
+		Sondereinzelkosten des Vertriebs (SEKV)		
=		**Selbstkosten (SK)**		
+		Gewinn		
=		**Barverkaufspreis (BVP)**		
+		Kundenskonto		
=		**Zielverkaufspreis (ZVP)**		
+		Kundenrabatt		
=		**Listenverkaufspreis (LVP)**		**30.000,00**

2 Gegenüberstellen von Normalkosten und Istkosten am Periodenende

Am 31. August sind alle Aufträge abgewickelt, mit Fischer und Wolf kamen keine Verträge zustande. Für den Monat August liegt Ihnen folgender BAB (Istkosten) vor:

Betriebsabrechnungsbogen (BAB I) August 20.. (Geschäftsjahr)										
Gemeinkosten		Allgemeine Kostenstelle	Hauptkostenstelle	Hilfskostenstelle	Fertigungs-Hauptkostenstellen (FHS)				Hauptkostenstelle	Hauptkostenstelle
					FHS I	FHS II	FHS III			
Gemeinkostenart	**Summe**	**Fuhrpark**	**Material**	**Fertigungplanung**	**Sägen/ Hobeln**	**CNC-Fräszentrum**	**Lackierautomat**	**Montage**	**Verwaltung**	**Vertrieb**
Hilfsstoffe	7.056,76	0,00	0,00	0,00	1.764,19	1.411,35	2.469,87	1.411,35	0,00	0,00
Betriebsstoffe	8.913,80	1.188,51	445,69	148,56	1.485,63	1.782,76	1.188,51	1.188,51	891,38	594,25
Gehälter	18.975,00	0,00	4.743,75	1.897,50	0,00	0,00	0,00	0,00	8.538,75	3.795,00
Kalk. Abschreibungen	13.730,00	1.320,00	0,00	0,00	940,00	7.000,00	4.150,00	320,00	0,00	0,00
Kalk. Zinsen	6.040,00	362,40	483,20	60,40	604,00	2.778,40	664,40	422,80	362,40	302,00
Kalk. Unternehmerlohn	12.200,00	305,00	1.220,00	1.830,00	305,00	1.220,00	610,00	305,00	4.575,00	1.830,00
Leasing	4.250,00	150,00	350,00	100,00	950,00	250,00	200,00	750,00	1.200,00	300,00
Fremdinstandhaltung	1.399,35	279,87	139,94	0,00	293,86	349,84	251,88	83,96	0,00	0,00
Büromaterial	1.068,27	0,00	149,56	42,73	10,68	32,05	0,00	21,37	576,87	235,01
Summen	**73.633,18**	**3.605,78**	**7.532,14**	**4.079,19**	**6.353,36**	**14.824,40**	**9.534,66**	**4.502,99**	**16.144,40**	**7.056,26**
Umlage Fuhrpark		↳	1.081,73	0,00	0,00	0,00	0,00	0,00	360,58	2.163,47
Zwischensummen			**8.613,87**	**4.079,19**	**6.353,36**	**14.824,40**	**9.534,66**	**4.502,99**	**16.504,98**	**9.219,73**
Umlage Fertigungsplanung				↳	1.631,68	1.223,76	407,92	815,84		
Summen			**8.613,87**		**7.985,04**	**16.048,16**	**9.942,58**	**5.318,83**	**16.504,98**	**9.219,73**
Zuschlagsgrundlagen (FM, FL, HKdU)			85.425,00		37.410,78			16.001,40	186.745,66	186.745,66
Zuschlagssätze für MGK, FGK, VwGK, VtGK (Ist)			**10,08 %**		**21,34 %**			**33,24 %**	**8,84 %**	**4,94 %**
Maschinenstunden gesamt						112,3	123,4 Std.			
Maschinenstundensätze (Istwerte)						**142,90 €**	**80,57 €**			

ARBEITSAUFTRÄGE

1. Erläutern Sie, warum mit Fischer und Wolf keine Verträge zustande gekommen sind.

____

____

2. Stellen Sie den neuen BAB (August) dem vorherigen BAB (Juli, Seite 31) gegenüber und erläutern Sie die Entwicklungen von Einzelkosten, Gemeinkosten und Kalkulationssätzen.

____

____

____

____

____

____

____

2.1 Nachkalkulieren eines abgewickelten Auftrags

Aufgrund verschiedener Probleme ist zu befürchten, dass der Auftrag für den Kunden Haase deutlich mehr Kosten verursacht hat, als erwartet. Um das zu überprüfen, sollen im Rahmen einer Nachkalkulation die ursprünglich kalkulierten Normalkosten und die tatsächlich entstandenen Istkosten gegenübergestellt werden. Sondereinzelkosten sind nicht angefallen.

ARBEITSAUFTRAG

Führen Sie mithilfe des Betriebsabrechnungsbogens für Monat August (Seite 62) und des nachfolgenden Infotextes für den Auftrag „Haase“ (⇒ S. 54) eine Nachkalkulation durch und erläutern Sie Ihr Ergebnis.

Einzelkosten	**Soll**	**Ist**
Fertigungsmaterial (Rohholz, Beschläge):	4.500,00	4.684,50
Fertigungslöhne (Sägen, Hobeln):	1.968,75	2.049,47
Fertigungslöhne (Lackieren, Montieren):	843,75	878,34
Maschinenstunden		
Anzahl Maschinenstunden CNC-Fräszentrum:	6,0	6,2
Anzahl Maschinenstunden Lackierautomat:	4,5	4,7

Nachkalkulation Auftrag Nr. 2 Schreibtisch Typ B für Kunde Haase							
Vorkalkulation					**Nachkalkulation**		
	Kalk. Satz (Normalwerte)	**Position**	**Masch.-Std. (Normalwerte)**	**Betrag**	**Kalk.-Satz (Istwerte)**	**Masch.-Std. (Istwerte)**	**Betrag**
		Fertigungsmaterial (FM)					
+		Materialgemeinkosten (MGK)					
=		**Materialkosten (MK)**					
		Fertigungslöhne (FL) in FHS I					
+		Fertigungsgemeinkosten (FGK) in FHS I					
+		Maschinengemeinkosten (CNC-Fräszentrum) in FHS II					
+		Maschinengemeinkosten (Lackierautomat) in FHS III					
+		Fertigungslöhne (FL) in FHS III					
+		Restgemeinkosten (RGK) in FHS III					
+		Sondereinzelkosten der Fertigung (SEKF)					
=		**Fertigungskosten (FK)**					
=		**Herstellkosten (HK)**					
+		Verwaltungsgemeinkosten (VwGK)					
+		Vertriebsgemeinkosten (VtGK)					
+		Sondereinzelkosten des Vertriebs					
=		**Selbstkosten (SK)**					
+		Gewinn					
=		**Barverkaufspreis (BVP)**				➔	
+		Kundenskonto					
=		**Zielverkaufspreis (ZVP)**					
+		Kundenrabatt					
=		**Listenverkaufspreis (LVP)**					

Infotext: Nachkalkulation

Am Ende einer Abrechnungsperiode kann der Unternehmer für jeden Auftrag überprüfen, ob seine Angebotskalkulation zu Normalkosten den tatsächlich angefallenen Ist-Kosten entspricht („Soll-Ist-Vergleich").

Die tatsächlich angefallenen **Istkosten** werden mithilfe folgender Unterlagen erfasst:

- Kalkulationssätze: neuer Betriebsabrechnungsbogen nach Auftragsabwicklung
- Fertigungsmaterial: Eingangsrechnungen, Materialentnahmescheine
- Lohnkosten: Lohnscheine aus der Fertigung
- Maschinenkosten: Maschinenstundennachweise aus der Fertigung und neuer BAB
- Preis (Erlös): Kontoauszug

Beispiel Nachkalkulation Nr. 1: Schreibtisch Typ A für Kunde Mustermann

Einzelkosten	**Soll**	**Ist**
Fertigungsmaterial (Rohholz, Beschläge):	10.000,00	10.020,00
Fertigungslöhne (Sägen, Hobeln):	4.375,00	4.383,75
Fertigungslöhne (Lackieren, Montieren):	1.875,00	1.878,75
Maschinenstunden		
Anzahl Maschinenstunden CNC-Fräszentrum:	15,0	17,5
Anzahl Maschinenstunden Lackierautomat:	20,0	21,0

Nachkalkulation Auftrag Nr. 1 Schreibtisch Typ A für Kunde Mustermann							
Vorkalkulation					Nachkalkulation		
	Kalk.-Satz (Normalwerte)	Position	Masch.-Std. (Normalwerte)	Betrag	Kalk.-Satz (Istwerte)	Masch.-Std. (Istwerte)	Betrag
		Fertigungsmaterial (FM)		10.000,00			10.020,00
+	9,53 %	Materialgemeinkosten (MGK)		953,00	8,96 %		897,79
=		**Materialkosten (MK)**		**10.953,00**			**10.917,79**
		Fertigungslöhne (FL) in FHS I		4.375,00			4.383,75
+	19,57 %	Fertigungsgemeinkosten (FGK) in FHS I		856,19	21,31 %		934,18
+	133,21 €	Maschinengemeinkosten (CNC-Fräszentrum) in FHS II	15,0 Std.	1.998,15	129,72 €	17,5 Std.	2.270,10
+	77,31 €	Maschinengemeinkosten (Lackierautomat) in FHS III	20,0 Std.	1.546,20	79,39 €	21,0 Std.	1.667,19
+		Fertigungslöhne (FL) in FHS III		1.875,00			1.878,75
+	28,78 %	Restgemeinkosten (RGK) in FHS III		539,63	34,16 %		641,78
+		Sondereinzelkosten der Fertigung (SEKF)		0,00			0,00
=		**Fertigungskosten (FK)**		**11.190,17**			**11.775,75**
=		**Herstellkosten (HK)**		**22.143,17**			**22.693,54**
+	8,12 %	Verwaltungsgemeinkosten (VwGK)		1.798,03	7,70 %		1.747,40
+	4,48 %	Vertriebsgemeinkosten (VtGK)		992,01	4,49 %		1.018,94
+		Sondereinzelkosten des Vertriebs (SEKV)		0,00			0,00
=		**Selbstkosten (SK)**		**24.933,21**			**25.459,88**
+	12 %	Gewinn		2.991,99	9,68 %		2.465,32
=		**Barverkaufspreis (BVP)**		**27.925,20**		➔	**27.925,20**
+	2 %	Kundenskonto		569,90			
=		**Zielverkaufspreis (ZVP)**		**28.495,10**			
+	20 %	Kundenrabatt		7.123,78			
=		**Listenverkaufspreis (LVP)**		**35.618,88**			

Dem ursprünglich kalkulierten Gewinn aus der Vorkalkulation (Normalkostenrechnung) steht nun der tatsächliche Gewinn aus der Nachkalkulation (Istkostenrechnung) gegenüber.

2.2 Ermitteln und Analysieren des Betriebsergebnisses

Nun sollen das Umsatzergebnis und das Betriebsergebnis des Monats August ermittelt und analysiert werden. Mit Fischer und Wolf kamen keine Verträge zustande, alle anderen Kunden haben die Angebote der Crome KG akzeptiert und bestellt. Im Monat August wurden damit insgesamt folgende Aufträge angenommen und abgewickelt:

- Herrmann (⇒ S. 51) ✓
- Haase (⇒ S. 54) ✓
- Liedtke (⇒ S. 55) ✓
- Didczuneit (⇒ S. 59) ✓
- Gabbert (⇒ S. 60) ✓

Im August sind weder Sondereinzelkosten angefallen noch traten Bestandsveränderungen an fertigen bzw. unfertigen Erzeugnissen im Lager auf. Alle Ausgangsrechnungen wurden unter Ausnutzung von Skonto bezahlt.

ARBEITSAUFTRÄGE

Bearbeiten Sie mithilfe des BAB I (Seite 62), des Kostenträgerblatts (BAB II, Seite 66) und des nachfolgenden Infotextes folgende Arbeitsaufträge:

1. Ermitteln Sie für den Monat August die Normalkosten und das Umsatzergebnis der Crome KG und erläutern Sie Ihr Ergebnis.

2. Übernehmen Sie die Istkosten aus dem BAB I August (Seite 62), ermitteln Sie das Betriebsergebnis der Crome KG und erläutern Sie Ihr Ergebnis.

3. Berechnen Sie abschließend die Kostenunterdeckungen und Kostenüberdeckungen in den freien Feldern und erläutern Sie Ihr Ergebnis.

Kostenträgerblatt (BAB II) für Monat August 20.. (Geschäftsjahr)

Position	Normalkosten				Istkosten	Kostenüber-/ -unterdeckungen
	Summen	Schreibtisch Typ A	Schreibtisch Typ B	Schreibtisch Typ C	Summen	
Fertigungsmaterial (FM)						
+ Materialgemeinkosten (MGK)						
= Materialkosten (MK)						
Fertigungslöhne (FL) in FHS I						
+ Fertigungsgemeinkosten (FGK) in FHS I						
+ Maschinengemeinkosten (CNC-Fräszentrum) in FHS II						
+ Maschinengemeinkosten (Lackierautomat) in FHS III						
+ Fertigungslöhne (FL) in FHS III						
+ Restgemeinkosten (RGK) in FHS III						
+ Sondereinzelkosten der Fertigung (SEKF)						
= Fertigungskosten (FK)						
= Herstellkosten der Erzeugung (HKdE)						
+ Bestandsminderung						
– Bestandsmehrung						
= Herstellkosten des Umsatzes (HKdU)						
+ Verwaltungsgemeinkosten (VwGK)						
+ Vertriebsgemeinkosten (VtGK)						
+ Sondereinzelkosten des Vertriebs (SEKV)						
= Selbstkosten (SK)						
Umsatzerlöse						
Umsatzergebnis und Betriebsergebnis						

Infotext: Kostenträgerzeitrechnung auf dem Kostenträgerblatt (BAB II)

Am Ende der Periode (Monat, Quartal, Jahr) wird der Periodenerfolg aller Kostenträger und des gesamten Betriebs ermittelt und analysiert. Man spricht daher von der „Kostenträgerzeitrechnung“. Diese wird in drei Schritten auf dem Kostenträgerblatt (BAB II) durchgeführt:

Schritt 1: Ermitteln von Normalkosten und Umsatzergebnis
Die Normalkosten der Periode sind nichts anderes als die Summe der ursprünglich kalkulierten Kosten für alle abgewickelten Kundenaufträge der Periode und werden deshalb Auftrag für Auftrag aufaddiert. Man nennt sie Normalkosten, weil sie mit Normalkostensätzen (siehe Abschnitt C 3) kalkuliert wurden. Die Differenz von Erlösen und Normalkosten ist der geplante Erfolg, er wird als **„Umsatzergebnis“** bezeichnet.

Schritt 2: Ermitteln von Istkosten und Betriebsergebnis
Die tatsächlich angefallenen Kosten (Istkosten) sind am Ende der Periode bekannt und können den einzelnen Belegen bzw. dem neuen BAB I entnommen werden. Man nennt sie Istkosten, weil sie tatsächlich angefallen sind. Die Differenz von Erlösen und Istkosten stellt das tatsächlich erwirtschaftete **„Betriebsergebnis“** dar.

Schritt 3: Ermitteln von Kostenunter-/-überdeckungen
Abschließend werden die Normalkosten den Istkosten gegenübergestellt. Da die Normal- und Istkosten gewöhnlich voneinander abweichen, unterscheidet man Kostenunter- und -überdeckungen:

- **Kostenunterdeckungen:** Die Normalkosten der Abrechnungsperiode liegen *unter* den Istkosten, die tatsächlichen Kosten waren also höher als erwartet (negativer Wert).
- **Kostenüberdeckungen:** Die Normalkosten der Abrechnungsperiode liegen *über* den Istkosten, die tatsächlichen Kosten waren also geringer als erwartet (positiver Wert).

Kostenträgerzeitrechnung: Kostenträgerblatt (BAB II) für Monat August 20.. (Vorjahr)						
Position	Normalkosten				Istkosten	Kosten-über-/-unter-deckungen
	Summen	Schreib-tisch Typ A	Schreib-tisch Typ B	Schreib-tisch Typ C	Summen	
Fertigungsmaterial (FM)	97.500,00	39.000,00	40.500,00	18.000,00	97.695,00	
+ Materialgemeinkosten (MGK)	9.291,75	3.716,70	3.859,65	1.715,40	8.750,60	
= Materialkosten (MK)	**106.791,75**	**42.716,70**	**44.359,65**	**19.715,40**	**106.445,60**	**346,15**
Fertigungslöhne (FL) in FHS I	42.656,45	17.062,50	17.718,75	7.875,20	42.912,39	
+ Fertigungsgemeinkosten (FGK) in FHS I	8.347,87	3.339,13	3.467,56	1.541,18	9.145,10	
+ Maschinengemeinkosten in FHS II	17.650,33	7.792,79	7.193,34	2.664,20	16.669,50	
+ Maschinengemeinkosten in FHS III	11.016,68	6.030,18	3.131,06	1.855,44	11.201,80	
+ Fertigungslöhne (FL) in FHS III	18.281,45	7.312,50	7.593,75	3.375,20	18.354,58	
+ Restgemeinkosten (RGK) in FHS III	5.261,41	2.104,54	2.185,49	971,38	6.270,60	
+ Sondereinzelkosten der Fertigung (SEKF)	0,00	0,00	0,00	0,00	0,00	
= Fertigungskosten (FK)	**103.214,19**	**43.641,64**	**41.289,95**	**18.282,60**	**104.553,97**	**–1.339,78**
= Herstellkosten der Erzeugung (HKdE)	**210.005,94**	**86.358,34**	**85.649,60**	**37.998,00**	**210.999,57**	**–993,63**
+ Bestandsminderung	0,00	0,00	0,00	0,00	0,00	
- Bestandsmehrung	0,00	0,00	0,00	0,00	0,00	
= Herstellkosten des Umsatzes (HKdU)	**210.005,94**	**86.358,34**	**85.649,60**	**37.998,00**	**210.999,57**	**–993,63**
+ Verwaltungsgemeinkosten (VwGK)	17.052,48	7.012,30	6.954,74	3.085,44	16.248,20	
+ Vertriebsgemeinkosten (VtGK)	9.408,26	3.868,85	3.837,10	1.702,31	9.474,20	
+ Sondereinzelkosten des Vertriebs (SEKV)	0,00	0,00	0,00	0,00	0,00	
= Selbstkosten (SK)	**236.466,68**	**97.239,49**	**96.441,44**	**42.785,75**	**236.721,97**	**–255,29**
Umsatzerlöse	**256.728,98**	**106.325,20**	**102.483,74**	**47.920,04**	**256.728,98**	
Umsatzergebnis und Betriebsergebnis	**20.262,30**	**9.085,71**	**6.042,30**	**5.134,29**	**20.007,01**	

Kompaktwissen

Kostenträgerrechnung (Vollkosten): Leitfrage und Ziele	
Leitfrage	„Wofür sind Kosten angefallen?“
Ziele	• Verursachungsgerechtes Zuordnen der Kosten zu den einzelnen Kostenträgern (Produkten, Produktgruppen, Aufträgen) • Kalkulieren der Verkaufspreise

Kostenträgerrechnung

- **Kalkulation (Kostenträgerstückrechnung)**
  - **Vorkalkulation**
    - **Vorwärtskalkulation**: Berechnen der erwarteten Kosten und des Verkaufspreises
    - **Differenzkalkulation**: Ermitteln des erzielbaren Gewinns auf Grundlage vorgegebener Marktpreise und unveränderlicher Kosten
    - **Rückwärtskalkulation**: Ermitteln der Kosten, die bei vorgegebenen Marktpreisen und vorgegebenem Gewinnzuschlag höchstens anfallen dürfen
  - **Nachkalkulation**: Gegenüberstellen von Normal- und Istkosten der einzelnen Kostenträger und Ermitteln des tatsächlich erzielten Gewinns in Euro und Prozent
- **Betriebsergebnisrechnung (Kostenträgerzeitrechnung)**: Gegenüberstellen von Normal- und Istkosten aller Kostenträger (Produkte, Produktgruppen, Aufträge) und der Leistungen des Betriebs in einer Abrechnungsperiode und Ermitteln des Betriebsergebnisses

Soll-Ist-Abweichungen bei Nachkalkulation und Betriebsergebnisrechnung

- **Kostenunterdeckung**: Die Normalkosten (Sollkosten) liegen unter den tatsächlichen Ist-Kosten.
- **Kostenüberdeckung**: Die Normalkosten (Sollkosten) liegen über den tatsächlichen Ist-Kosten.

Kalkulationsverfahren

- **Zuschlagskalkulation**: Einzel- und Serienfertigung
- **Divisionskalkulation**: bei Massenfertigung
- **Äquivalenzkalkulation**: bei Sortenfertigung
- **Kuppelkalkulation**: bei Verbundfertigung

<table>
<tr><th colspan="2">Kalkulationsverfahren</th></tr>
<tr><td>Zuschlags-kalkulation</td><td>Bei Einzelfertigung (z. B. Schiffbau) oder Serienfertigung (Auflage einer begrenzten Stückzahl, z. B. Fenster für ein Verwaltungsgebäude) wird die Zuschlagskalkulation eingesetzt. Dabei werden den Einzel- bzw. Herstellkosten eines Kostenträgers mithilfe prozentualer Zuschlagssätze die Gemeinkosten pauschal zugeschlagen.

Dem Vorteil der einfachen Handhabung der Zuschlagskalkulation steht allerdings der Nachteil gegenüber, dass hier ein proportionaler Zusammenhang zwischen Einzel- bzw. Herstellkosten und Gemeinkosten unterstellt wird, der aber oftmals nicht besteht.
Außerdem sind im Falle hochautomatisierter Betriebe die Fertigungsgemeinkosten-Zuschlagssätze mit bis über tausend Prozent sehr ungenau.

Aus diesem Grunde wird eine moderne Zuschlagskalkulation gewöhnlich um eine Maschinenstundensatzrechnung ergänzt. Der Maschinenstundensatz gibt in Euro an, wie viel Gemeinkosten eine Maschine pro Stunde verursacht. Für die Kalkulation der Verkaufspreise wird er einfach multipliziert mit der Anzahl der für den Kostenträger erforderlichen Stunden.</td></tr>
<tr><td>Divisions-kalkulation</td><td>Die Divisionskalkulation ist das einfachste Kalkulationsverfahren und kann lediglich bei gleichbleibender und einheitlicher Massenfertigung eines homogenen Produkts (z. B. Stromerzeugung, Waschmittelherstellung) angewandt werden. Man unterscheidet folgende Verfahren:

▪ einstufige Divisionskalkulation: Für jede Abrechnungsperiode werden die Gesamtkosten durch die Produktionsmenge geteilt. Ergebnis sind die Selbstkosten pro Stück. Voraussetzung für dieses Verfahren ist, dass es keine Lagerbestandsveränderungen gibt, d. h., alle produzierten Produkte werden verkauft.

Beispiel: In einer Abrechnungsperiode wurden 10.000 Stück produziert, dabei fielen Gesamtkosten in Höhe von 500.000,00 € an. Die Selbstkosten pro Stück belaufen sich auf 50,00 €.

▪ zweistufige Divisionskalkulation: Sofern Produktionsmenge und Absatzmenge (Verkaufsmenge) voneinander abweichen, es also zu Lagerbestandsveränderungen kommt, wird die zweistufige Divisionskalkulation angewandt. Produktion und Verkauf werden hier rechnerisch getrennt. Für jede Abrechnungsperiode werden die Herstellkosten durch die produzierte Menge und die Verwaltungs-/Vertriebskosten durch die abgesetzte Menge geteilt. Die Summe beider Teilergebnisse ergibt nun die Selbstkosten pro Stück.

Beispiel: In einem Betrieb werden 5.000 Stück produziert, aber nur 4.000 Stück verkauft. Die Gesamtkosten in Höhe von 200.000,00 € setzen sich zusammen aus 150.000,00 € Herstellkosten und 50.000,00 € Verwaltungs- und Vertriebskosten. Pro Stück ergeben sich Herstellkosten in Höhe von 30,00 € und Verwaltungs- und Vertriebskosten in Höhe von 12,50 €, insgesamt also 42,50 € Selbstkosten pro Stück.

▪ mehrstufige Divisionskalkulation: Die mehrstufige Divisionskalkulation entspricht der zweistufigen Divisionskalkulation, nur mit dem Unterschied, dass die Produktion in einzelne Produktionsschritte zerlegt wird. Für jeden Produktionsschritt werden separat die dort anfallenden Herstellungskosten durch die jeweils dort produzierte Menge geteilt. Abschließend werden wieder die Verwaltungs- und Vertriebskosten addiert.

Beispiel: Kalkulation von 200 Produkten mit mehreren zu bearbeitenden Vorprodukten: Produktionsstufe 1:
12.000,00 €/400 Stück + Produktionsstufe 2: 15.000,00 €/300 Stück + Verwaltung/Vertrieb: 6.000,00 €/200 Stück = 30,00 €/Stück + 50,00 €/Stück + 30,00 €/Stück = 110,00 € Selbstkosten/Stück.</td></tr>
</table>

Äquivalenzziffernkalkulation

Die Äquivalenzziffernkalkulation ist eine Weiterentwicklung der Divisionskalkulation und kann bei Betrieben mit Sortenfertigung eingesetzt werden. Sorten sind verwandte Varianten eines Standardprodukts, die mit ähnlichen Produktionsverfahren hergestellt werden (z. B. Schuhe in verschiedenen Ausführungen).

Um die Äquivalenzziffernkalkulation anwenden zu können, müssen die Kosten der einzelnen Sorten in einem festen Verhältnis zueinander stehen. Dieses Kostenverhältnis wird in einer konstanten „Äquivalenzziffer" (Verhältniszahl) zum Ausdruck gebracht, welche durch Untersuchungen oder Schätzungen von Fachleuten einmalig festgelegt wird. Das Standardprodukt erhält die Äquivalenzziffer „1". Die Äquivalenzziffer „0,5" einer Sorte bringt demnach zum Ausdruck, dass diese Sorte die Hälfte der Kosten des Standardprodukts verursacht. Die Selbstkosten werden schrittweise ermittelt:

- **Schritt 1:** Die Produktionsmenge jeder Sorte wird mit der Äquivalenzziffer multipliziert. Ergebnis sind eine bestimmte Anzahl von „Verrechnungseinheiten" pro Sorte.
- **Schritt 2:** Alle Verrechnungseinheiten werden addiert.
- **Schritt 3:** Die Gesamtkosten werden durch die Summe aller Verrechnungseinheiten geteilt. Man erhält damit die Kosten pro Verrechnungseinheit in Euro.
- **Schritt 4:** Für jede Sorte wird die Äquivalenzziffer mit den betreffenden Kosten pro Verrechnungseinheit multipliziert. Das Ergebnis sind die Selbstkosten pro Stück.

Beispiel: Eine Brauerei ergänzt ein Standardbier um die Sorten „Light" und „Lemon". Die Gesamtkosten der Abrechnungsperiode belaufen sich auf 400.000,00 €.

	Äquivalenzziffer	Produktionsmenge (Liter)	Verrechnungseinheiten	Kosten je Verrechnungseinheit in €	Selbstkosten pro Liter in €
Standardbier	1	500.000	500.000	0,4598	0,46
Light	1,3	100.000	130.000	0,4598	0,60
Lemon	0,8	300.000	240.000	0,4598	0,37
Summen		**900.000**	**870.000**		

Kuppelkalkulation

Bei der Herstellung bestimmter Produkte entstehen zwangsläufig auch andere Produkte in einem naturgemäß unveränderbarem Mengenverhältnis. Diese sogenannte „Kuppelproduktion" ist typisch für die chemische Industrie (z. B. Raffinieren von Erdöl führt zur gleichzeitigen Herstellung von Benzin, Diesel, Methangas usw.) und die Stahlindustrie (z. B. entstehen im Hochofen gleichzeitig Roheisen, Gichtgas, Abwärme usw.).

Vertiefungsaufgaben

1. Der Ofenbauer Vario KG aus Stuttgart produziert Industrieöfen. Das Controlling unterscheidet die Kostenstellen Material, Fertigung, Verwaltung und Vertrieb. Die Gemeinkosten werden den Aufträgen ausschließlich mithilfe einer einfachen Zuschlagskalkulation zugerechnet.

   a) Zu Beginn des Monats gehen mehrere Anfragen ein, für die entsprechende Angebote erstellt werden sollen. Ermitteln Sie die Listenverkaufspreise für folgende Angebote:

Zuschlagssätze

Materialgemeinkosten (MGK):	10 %
Fertigungsgemeinkosten (FGK):	120 %
Verwaltungsgemeinkosten (VwGK):	15 %
Vertriebsgemeinkosten (VtGK):	5 %

Gewinnzuschlag und Preisermäßigungen

Gewinnzuschlag:	10 %
Kundenskonto:	3 %
Kundenrabatt:	25 %

	Angebot 1	Angebot 2	Angebot 3	Angebot 4
Einzelkosten je Auftrag:				
Fertigungsmaterial (FM):	8.000,00	5.400,00	9.600,00	6.500,00
Fertigungslöhne (FL):	6.800,00	4.482,00	8.256,00	5.575,00
Sondereinzelkosten der Fertigung (SEKF):	0,00	450,00	650,00	0,00
Sondereinzelkosten des Vertriebs (SEKV):	0,00	0,00	240,00	350,00

	Kalk.-Satz	Position	Betrag €	Betrag €	Betrag €	Betrag €

b) Der Vertrieb erwägt, Außendienstmitarbeiter einzustellen, die eine Vertreterprovision in Höhe von 7 % des Zielverkaufspreises erhalten sollen. Kalkulieren Sie den Listenverkaufspreis, der sich unter diesen Bedingungen ergeben würde.

=		**Barverkaufspreis (BVP)**				
+	3 %	Kundenskonto				
+	7 %	Vertreterprovision				
=		**Zielverkaufspreis (ZVP)**				
+	25 %	Kundenrabatt				
		Listenverkaufspreis (LVP)				

2. Die Dietrich GmbH aus Bremen produziert Bremssysteme für Elektrolokomotiven. Die Auftraggeber verlangen sowohl Einzelfertigungen wie auch Kleinserien. Das Controlling der Dietrich GmbH unterscheidet die Kostenstellen Material, Fertigung I, Fertigung II, Verwaltung und Vertrieb. Die Gemeinkosten werden den Aufträgen ausschließlich mithilfe einer einfachen Zuschlagskalkulation zugerechnet. Da zunehmend asiatische Wettbewerber mit günstigen Alternativen auf den Markt drängen, geraten die Preise zunehmend unter Druck. Dennoch verlangen die Kunden ihren branchenüblichen Kundenrabatt sowie einen angemessenen Skonto bei vorzeitiger Zahlung. Um wettbewerbsfähige Preise zu kalkulieren, muss die Dietrich GmbH von den unten angegebenen Höchstgrenzen für die Listenverkaufspreise ausgehen.

   Kalkulieren Sie für diese Aufträge den jeweiligen Gewinn in Euro und Prozent unter Berücksichtigung der Preisvorstellungen der Kunden.

Zuschlagssätze	
Materialgemeinkosten (MGK):	11 %
Fertigungsgemeinkosten (FGK) FHS I:	105 %
Fertigungsgemeinkosten (FGK) FHS II:	90 %
Verwaltungsgemeinkosten (VwGK):	13 %
Vertriebsgemeinkosten (VtGK):	6 %

Gewinnzuschlag und Preisermäßigungen	
Gewinnzuschlag:	?
Kundenskonto:	2 %
Kundenrabatt:	10 %

	Angebot 1	**Angebot 2**	**Angebot 3**	**Angebot 4**
Einzelkosten je Auftrag:				
Fertigungsmaterial (FM):	425.000,00	680.000,00	515.000,00	140.000,00
Fertigungslöhne (FL) FHS I:	391.000,00	612.000,00	484.100,00	128.830,00
Fertigungslöhne (FL) FHS II:	314.500,00	503.250,00	375.950,00	106.380,00
Sondereinzelkosten der Fertigung (SEKF):	600,00	870,00	240,00	0,00
Sondereinzelkosten des Vertriebs (SEKV):	240,00	390,00	0,00	60,00

	Kalk.-Satz	Position	Betrag €	Betrag €	Betrag €	Betrag €
=	Listenverkaufspreis (LVP)		2.600.000,00	3.500.000,00	3.200.000,00	800.000,00
		Gewinn in Prozent:				

3. Die Natech GmbH aus Kiel produziert Maschinenbauteile für Schiffsmotoren. Das Controlling der Natech GmbH unterscheidet die Kostenstellen Material, Fertigung I, Fertigung II (Drehautomat als eigene Kostenstelle), Fertigung III (einschließlich Stanze), Verwaltung und Vertrieb. Für eine russische Werft soll ein Angebot kalkuliert werden. Die Natech GmbH kalkuliert mit 10 % Gewinnzuschlag, 2 % Kundenskonto und 16 % Kundenrabatt.

   a) Kalkulieren Sie das Angebot mit Normalwerten (Vorkalkulation).

Kalkulationssätze	**zu a) Normalwerte**	**zu b) Istwerte**
Materialgemeinkosten (MGK):	9,50 %	10,10 %
Fertigungsgemeinkosten (FGK) FHS I:	64,50 %	65,30 %
Maschinenstundensatz Drehautomat FHS II:	184,00	189,52
Maschinenstundensatz Stanze FHS III:	135,00	137,70
Restgemeinkosten (RGK) FHS III:	28,00 %	28,40 %
Verwaltungsgemeinkosten (VwGK):	14,00 %	14,20 %
Vertriebsgemeinkosten (VtGK):	5,40 %	5,80 %
Einzelkosten		
Fertigungsmaterial (FM):	12.000,00	12.420,00
Fertigungslöhne (FL) FHS I:	7.500,00	7.695,00
Fertigungslöhne (FL) FHS III:	4.200,00	4.212,60
Sondereinzelkosten der Fertigung (SEKF):	400,00	640,00
Sondereinzelkosten des Vertriebs (SEKV):	820,00	970,00
Maschinenstunden		
Anzahl Maschinenstunden Drehautomat (FHS II):	5,0	5,5
Anzahl Maschinenstunden Stanze (FHS III):	4,0	4,2

Nachkalkulation Auftrag Nr. 29: Schraube Typ CL 400 für die Wolskaja Werft						
Vorkalkulation				**Nachkalkulation**		
Kalk.-Satz (Normal-werte)	**Position**	**Masch.-Std. (Normal-werte)**	**Betrag €**	**Kalk.-Satz (Istwerte)**	**Masch.-Std. (Istwerte)**	**Betrag €**

b) Die russische Werft hat den Auftrag erteilt, die erforderlichen Teile wurden vertragsgerecht produziert und geliefert. Aus Kontrollzwecken soll nun eine Nachkalkulation durchgeführt werden. Stellen Sie dazu der Vorkalkulation zu Normalwerten die Nachkalkulation zu Istwerten gegenüber und ermitteln Sie den tatsächlichen Gewinn in Euro und Prozent.

4. Dem Controller des Fensterbaubetriebs Sager GmbH aus Schwerin liegen für den abgelaufenen Monat November folgender Betriebsabrechnungsbogen (BAB I) und das Kostenträgerblatt (BAB II, siehe Folgeseite) vor. Die Lagerbestände haben sich insgesamt um 2.800,00 € erhöht (Istwert). Für Spezialtransporte fielen Sondereinzelkosten des Vertriebs in Höhe von 990,00 € an (Istwert).

Betriebsabrechnungsbogen (BAB I) November – Sager GmbH

Gemeinkosten		Allgemeine Kostenstelle	Hauptkostenstelle	Hilfskostenstelle	Fertigungshauptkostenstellen		Hauptkostenstelle	Hauptkostenstelle
Gemeinkostenart	**Summe**	**Kantine**	**Material**	**Werkstatt**	**FHS I**	**FHS II**	**Verwaltung**	**Vertrieb**
Hilfsstoffe	80.000,00	0,00	0,00	10,00	48.000,00	31.990,00	0,00	0,00
Betriebsstoffe	36.000,00	1.200,00	3.000,00	4.200,00	10.200,00	9.000,00	5.400,00	3.000,00
Gehälter	64.800,00	3.600,00	5.400,00	3.600,00	21.000,00	7.200,00	18.000,00	6.000,00
Sozialkosten	12.900,00	900,00	1.800,00	900,00	2.200,00	2.200,00	3.400,00	1.500,00
kalk. Abschreibungen	16.000,00	2.400,00	800,00	1.600,00	4.000,00	3.200,00	2.400,00	1.600,00
kalk. Zinsen	12.300,00	1.640,00	820,00	820,00	4.100,00	2.460,00	1.640,00	820,00
Miete	8.400,00	1.680,00	600,00	240,00	1.440,00	2.280,00	1.200,00	960,00
Betriebssteuern	12.000,00	800,00	1.200,00	800,00	2.800,00	3.200,00	2.400,00	800,00
Sonstige Kosten	8.400,00	381,82	763,64	381,82	3.436,36	381,82	1.527,27	1.527,27
Summen	**250.800,00**	**12.601,82**	**14.383,64**	**12.551,82**	**97.176,36**	**61.911,82**	**35.967,27**	**16.207,27**
Umlage Kantine		↳	1.260,18	630,09	3.780,55	3.150,46	2.520,36	1.260,18
Zwischensummen			**15.643,82**	**13.181,91**	**100.956,91**	**65.062,28**	**38.487,63**	**17.467,45**
Umlage Werkstatt				↳	*9.886,43*	*3.295,48*		
Summen			**15.643,82**		**110.843,34**	**68.357,76**	**38.487,63**	**17.467,45**
Zuschlagsgrundlagen (FM, FL, HKdU)			120.400,00		93.600,00	71.100,00	477.144,92	477.144,92
Zuschlagssätze für MGK, FGK, VwGK, VtGK (Istwerte)			**12,99%**		**118,42%**	**96,14%**	**8,07%**	**3,66%**

a) Ermitteln Sie das Umsatzergebnis und das Betriebsergebnis des Monats November.
b) Berechnen Sie die entsprechenden Kostenüberdeckungen bzw. Kostenunterdeckungen.
c) Erläutern Sie Ihre Ergebnisse.

5. Der Sportartikelhersteller BigSport AG aus Dresden produziert Joggingschuhe für unterschiedliche Marktsegmente. Im abgelaufenen Monat Februar wurden von Modell „Pure“ 35.000 Stück, von Modell „Classic“ 40.000 Stück, von Modell „Comfort“ 25.000 Stück und von Modell „De Luxe“ 20.000 Stück hergestellt. Die Modelle Pure, Classic, Comfort und De Luxe stehen in einem konstanten Kostenverhältnis (0,8 : 1 : 1,2 : 1,7). Die Produktion dieser Schuhe verursachte Gesamtkosten in Höhe von 6.362.400,00 €.

Ermitteln Sie mit der Äquivalenzziffernkalkulation für jedes Modell die Selbstkosten pro Stück.

Kostenträgerblatt (BAB II) November – Sager GmbH –								
	Normalkosten					Istkosten		Kostenüber-/ -unterdeckungen
Position	**Summen**	**Kalk.-Satz**	**Fenster Modell A**	**Fenster Modell B**	**Fenster Modell C**	**Summen**	**Kalk.-Satz**	
Fertigungsmaterial (FM)			45.000,00	55.000,00	20.000,00			
+ Materialgemeinkosten (MGK)		12,00 %						
= Materialkosten (MK)								
Fertigungslöhne (FL) in FHS I			35.000,00	39.000,00	19.000,00			
+ Fertigungsgemeinkosten (FGK) in FHS I		120,00 %						
+ Fertigungslöhne (FL) in FHS II			22.000,00	34.000,00	14.000,00			
+ Fertigungsgemeinkosten (FGK) in FHS II		95,00 %						
+ Sondereinzelkosten der Fertigung (SEKF)			0,00	0,00	0,00			
= Fertigungskosten (FK)								
= Herstellkosten der Erzeugung (HKdE)								
+ Bestandsminderung			0,00	0,00	0,00			
– Bestandsmehrung			700,00	300,00	600,00			
= Herstellkosten des Umsatzes (HKdU)								
+ Verwaltungsgemeinkosten (VwGK)		8,00 %						
+ Vertriebsgemeinkosten (VtGK)		4,00 %						
+ Sondereinzelkosten des Vertriebs (SEKV)			120,00	520,00	230,00			
= Selbstkosten (SK)								
Umsatzerlöse			220.000,00	280.000,00	115.000,00			
Umsatzergebnis und Betriebsergebnis								

E Kostenträgerrechnung als Teilkostenrechnung

Praxisfall „Crome KG“

1 Diskutieren der Grenzen der Vollkostenrechnung – Teil I

Herr Crome ist unzufrieden:
Zwar fiel das Betriebsergebnis des Monats August besser aus als das des Vormonats. Es ist aber immer noch deutlich geringer als das durchschnittliche Betriebsergebnis der Vorjahre und im Trend deutlich rückläufig.

Aus diesem Grunde lädt er den Leiter der Abteilung Rechnungswesen, Herrn Konrad, und den neu eingestellten Controller, Herrn Bartoldi, zu einem Gespräch in sein Büro ein. Ziel der Besprechung ist es, die Ursachen dieser Entwicklung zu benennen und Lösungswege abzuleiten.

Crome: Guten Morgen meine Herren, nehmen Sie Platz. Ich habe Ihnen ja bereits mitgeteilt, warum wir uns heute unterhalten müssen: Das Betriebsergebnis des Vormonats war eine mittlere Katastrophe, und auch wenn es diesen Monat besser ausgefallen ist, sind uns gerade wieder zwei Aufträge durch die Lappen gegangen. Diese Probleme hatten wir früher nicht.

Konrad: Insgesamt können wir ganz zufrieden sein, wir schreiben doch schwarze Zahlen.

Crome: Unser Betriebsergebnis im Juli war tiefrot, Herr Konrad! Wir sind einfach zu teuer, uns springen immer mehr Kunden ab!

Konrad: Herr Crome, ich habe das schon mehrfach gesagt: Wir können das nicht verhindern. Wir stehen nun mal im weltweiten Wettbewerb mit immer mehr Anbietern, die ganz andere Preise machen können. Schauen Sie sich nur mal unsere Personalkosten an. Da können wir mit den Asiaten einfach nicht mithalten. Und dann die Abschreibungen, vor allem für unsere neuen Maschinen. Wir haben unsere Kosten, Herr Crome, ich kann doch die Tische nicht unter Selbstkosten verkaufen.

Bartoldi: Doch.

Konrad: Wie bitte?

Bartoldi: Ich möchte nicht respektlos wirken, meine Herren. Als neuer Mitarbeiter sollte man sich eigentlich erst mal ein bisschen zurückhalten. Aber ich denke, wir sollten unsere bisherige Kostenrechnung überdenken.

Crome: Wie meinen Sie das?

Bartoldi: Schauen Sie, meine Herren: Wir arbeiten ausschließlich mit einer Vollkostenrechnung, und ich denke, das reicht nicht mehr aus.

Konrad: Jeder Betrieb braucht eine Vollkostenrechnung, lieber Herr Bartoldi. Ich muss doch alle Kosten berücksichtigen.

Bartoldi: Da gebe ich Ihnen völlig recht, Herr Konrad, aber wir verschenken viele Chancen, wenn wir unsere Vollkostenrechnung nicht um eine Teilkostenrechnung ergänzen. In meinem letzten Betrieb haben wir auch sehr erfolgreich damit gearbeitet.

Konrad: Kosten sind Kosten. Das macht doch alles nur viel Arbeit und ändert nichts an den Realitäten. Auch Sie kommen an den Selbstkosten nicht vorbei. Die fallen nun mal an.

Bartoldi: Wir hätten die Aufträge von Fischer und Wolf retten können, wenn wir mit Teilkosten kalkuliert und damit nur einen Teil unserer Kosten in Rechnung gestellt hätten. Und wir hätten ein deutlich besseres Betriebsergebnis erzielt.

Crome: Aber Herr Konrad hatte doch damals vorgerechnet, dass diese Aufträge Verluste bringen!

Bartoldi: Das stimmt. Aber nur deshalb, weil wir – stur wie die Esel – jeden Auftrag über denselben prozentualen Zuschlag mit Gemeinkosten belasten. Und die bestehen zum Löwenanteil aus Fixkosten, die ohnehin anfallen, egal, wie viel wir produzieren, wie etwa die Gehälter oder die Abschreibungen.

Konrad: Was wollen Sie damit sagen?

Bartoldi: Sie wissen doch selbst, Herr Konrad, dass diese Fixkosten so oder so anfallen. Dann wäre es doch schlauer, wir nehmen, sofern wir nicht voll ausgelastet sind, jeden Auftrag an, der einen Beitrag zur Deckung unserer Fixkosten leistet – auch wenn er unter unseren Selbstkosten liegt. Diesen Beitrag nennt man übrigens „Deckungsbeitrag“, Herr Konrad.

Konrad: Ja, ja ...

Crome: Verstehe ich Sie da richtig, Herr Bartoldi, wir könnten mit unserem Verkaufspreis unter unsere Selbstkosten gehen und würden trotzdem unser Betriebsergebnis verbessern?

Bartoldi: Kurzfristig ja. Langfristig, und da hat Herr Konrad natürlich recht, müssen wir unsere Fixkosten in die Verkaufspreise einkalkulieren. Aber kurzfristig sollten wir immer wieder überprüfen, ob einzelne Zusatzaufträge nicht zur Deckung unserer fixen Kosten beitragen können, auch wenn die Verkaufspreise mal unter den Selbstkosten liegen. Solange wir noch freie Kapazitäten haben, schneiden wir uns doch ins eigene Fleisch, wenn wir diese nicht nutzen und uns die Deckungsbeiträge entgehen lassen.

Konrad: Unser Betrieb war immer sehr erfolgreich. Wir rechnen mit Vollkosten, seit ich denken kann. Ich habe kein gutes Gefühl bei solchen Experimenten.

Bartoldi: Lieber Herr Konrad, wenn Sie jeden Auftrag mit Vollkosten belasten, kalkulieren Sie uns kaputt. Entschuldigen Sie, wenn ich das so deutlich sage.

Crome: Übertreiben Sie jetzt nicht vielleicht ein bisschen, Herr Bartoldi?

Bartoldi: Ich glaube nicht. Schauen Sie, wir haben zurzeit eine rückläufige Auftragslage. Wenn wir mit Vollkosten kalkulieren, müssen wir die fixen – also unveränderlichen – Anteile unserer Gemeinkosten auf immer weniger Aufträge verteilen. Aber weniger Aufträge bedeuten auch weniger Einzelkosten bei ungefähr gleichbleibenden Gemeinkosten, denn 90 % unserer Gemeinkosten sind fix. Dadurch steigen die Kalkulationssätze im BAB und damit unsere Preise. Mit anderen Worten: Wir bestrafen unsere treuen Stammkunden mit steigenden Preisen ausgerechnet in Zeiten schlechter Auftragslage. Das ist doch Wahnsinn!

Crome: Was bedeutet das für unseren Verhandlungsspielraum? Wie weit können wir mit den Preisen runter gehen?

Bartoldi: Im Extremfall bis zu unseren variablen Kosten. Das sind die Kosten, die abhängig von unserer Produktionsmenge sind. Mit anderen Worten: Unsere Einzelkosten und der variable Anteil unserer Gemeinkosten zusammen bilden unsere kurzfristige Preisuntergrenze. Jeder Euro mehr bringt uns einen Beitrag zur Deckung unserer Fixkosten.

Crome: Das klingt interessant, Herr Bartoldi. Können Sie mir für die Aufträge Fischer und Wolf mal durchrechnen, wie groß unser Verhandlungsspielraum gewesen wäre und wie viel wir durch Ablehnen der Aufträge verschenkt haben?

Bartoldi: Das tu ich gern. Morgen haben Sie die Zahlen.

Crome: Herr Bartoldi, ich glaube, Sie bringen frischen Wind in unser Unternehmen ...

ARBEITSAUFTRÄGE

Beantworten Sie folgende Fragen:

1. Welches Problem hat Herr Bartoldi bemerkt?

2. Welche Lösung schlägt Herr Bartoldi vor?

2 Kalkulieren von Verkaufspreisen im Preiswettbewerb

Herr Bartoldi will mithilfe der vorliegenden Angebotskalkulationen die Preisuntergrenzen der Aufträge Fischer und Wolf ermitteln und die entgangenen Beiträge zur Deckung der Fixkosten der Crome KG berechnen. Da er aus dienstlichen Gründen unerwartet nach Köln reisen muss, beauftragt er Sie mit dieser Aufgabe und weist auf den nachfolgenden Infotext hin.

ARBEITSAUFTRÄGE

1. Ermitteln Sie für die Aufträge „Fischer" (siehe Seite 57) und „Wolf" (siehe Seite 61) die kurzfristige Preisuntergrenze. Überlegen Sie dazu, welche Kosten des Auftrags variabel sind. Bei der Crome KG bestehen die Gemeinkosten zu 90 % aus fixen und zu 10 % aus variablen Kosten.

Preisuntergrenze Angebot Nr. 5: Schreibtisch Typ A für Kunde Fischer	
Fertigungsmaterial	
+ Fertigungslöhne FHS I	
+ Fertigungslöhne FHS III	
+ variabler Anteil Gemeinkosten	
= variable Kosten (kurzfristige PUG)	

Preisuntergrenze Angebot Nr. 8: Schreibtisch Typ A für Kunde Wolf	
Fertigungsmaterial	
+ Fertigungslöhne FHS I	
+ Fertigungslöhne FHS III	
+ variabler Anteil Gemeinkosten	
= variable Kosten (kurzfristige PUG)	

2. Ermitteln Sie die Deckungsbeiträge, die mit den Aufträgen für „Fischer" (Seite 57) und „Wolf" (Seite 61) hätten erzielt werden können, in Euro und Prozent und interpretieren Sie das Ergebnis.

Entgangener Deckungsbeitrag Angebot Nr. 5: Schreibtisch Typ A für Kunde Fischer	
Erlöse	
– variable Kosten	
= Deckungsbeitrag in Euro	
= Deckungsbeitrag in Prozent	

Entgangener Deckungsbeitrag Angebot Nr. 8: Schreibtisch Typ A für Kunde Wolf	
Erlöse	
– variable Kosten	
= Deckungsbeitrag in Euro	
= Deckungsbeitrag in Prozent	

Infotext: Berechnen von Deckungsbeiträgen und Preisuntergrenzen

Viele Unternehmen befinden sich im Preiswettbewerb und damit in einem kontinuierlichen Prozess der Kostensenkung. Durch die zunehmende Globalisierung wird dieser Wettbewerb weiter verschärft. Deshalb können viele Unternehmer ihre Preise, die sie auf Grundlage der Vollkostenrechnung kalkuliert haben, oftmals nicht durchsetzen. Mithilfe der Teilkostenrechnung lässt sich jedoch nachweisen, dass die Annahme eines Auftrags selbst dann sinnvoll sein kann, wenn ein Auftrag nicht einmal die Selbstkosten deckt. Zu diesem Zweck werden die Gesamtkosten in fixe und variable Kosten zerlegt.

Fixkosten und variable Kosten

- **Fixkosten** (feste Kosten) sind Kosten, deren Höhe unabhängig von der Produktionsmenge ist. Typische Fixkosten sind Gehälter, Heizkosten, Miete, Zinsen, lineare Abschreibungen.
- **Variable Kosten** (veränderliche Kosten) sind Kosten, deren Höhe abhängig von der Produktionsmenge ist. Typische Beispiele sind Kosten für Fertigungsmaterial und Fertigungslöhne.

Deckungsbeitrag

Da die fixen Kosten unabhängig von der Produktionsmenge anfallen, lohnt die Annahme eines Auftrags immer dann, wenn der Erlös höher ist als die variablen Kosten und er somit einen Beitrag zur „Deckung“ der fixen Kosten leistet. Dieser Beitrag heißt daher „Deckungsbeitrag“. Er wird allgemein folgendermaßen definiert:

Deckungsbeitrag = Erlöse – variable Kosten

Der Deckungsbeitrag kann als Stückdeckungsbeitrag oder auch als Gesamtdeckungsbeitrag (z. B. für mehrere Produkte eines Auftrags oder einer Abrechnungsperiode) angegeben werden:

Stückdeckungsbeitrag (db) = Nettoverkaufspreis je Stück – variable Stückkosten

Gesamtdeckungsbeitrag (DB) = Gesamterlöse – variable Gesamtkosten

Für Vergleichszwecke wird der Deckungsbeitrag vielfach als prozentualer Anteil vom Erlös ausgedrückt.

Beispiel: Erlös = 200,00 €, variable Kosten = 120,00 €, Deckungsbeitrag = 80,00 € = 40 %.

Merke: Die Aufnahme der Produktion ist aus Sicht der Kostenrechnung immer dann sinnvoll, wenn ...

- ... ein positiver Deckungsbeitrag zu erwarten ist und
- ... der Betrieb noch über freie Kapazitäten (Maschinen, Mitarbeiter usw.) verfügt.

Mit anderen Worten: Sofern der Betrieb über freie Kapazitäten verfügt, erhöht jeder Auftrag, der einen positiven Deckungsbeitrag erwirtschaftet, das Betriebsergebnis und sollte daher angenommen werden – auch dann, wenn die Selbstkosten nicht gedeckt sind. Diese Produkte müssen allerdings in anderen Regionen verkauft oder als Zweitmarken bzw. No-Name-Artikel geführt werden, um bisherige Kunden nicht zu verärgern.

Kurzfristige Preisuntergrenze

Kurzfristig kann der Unternehmer seinen Preis bis zur Höhe der variablen Kosten senken. In diesem Fall erwirtschaftet er keinen Deckungsbeitrag mehr. Da eine weitere Preissenkung zwangsläufig zu Verlusten führt, gilt:

kurzfristige Preisuntergrenze = variable Kosten

Merke: Die kurzfristige Preisuntergrenze eines Kostenträgers entspricht seinen variablen Kosten, die langfristige Preisuntergrenze entspricht seinen Selbstkosten (siehe Vollkostenrechnung).

3 Ermitteln und Analysieren des Betriebsergebnisses

Herr Crome möchte das Betriebsergebnis des Monats August auch mithilfe der Deckungsbeitragsrechnung ermitteln, um nachzuvollziehen, in welchem Maße die einzelnen Produktgruppen zur Deckung der fixen Kosten beigetragen haben. Herr Bartoldi hat auf Grundlage des Kostenträgerblattes (BAB II) folgende fixe und variable Kosten ermittelt: Fixkosten: 66.269,87 €, variable Kosten: Typ A: 63.884,63 €; Typ B: 59.169,43 €; Typ C: 23.146,44 €.

ARBEITSAUFTRÄGE

Bearbeiten Sie die Arbeitsaufträge mithilfe des nachfolgenden Infotextes.

1. Ermitteln Sie mit der einstufigen Deckungsbeitragsrechnung das Betriebsergebnis und prüfen Sie, ob der Betrag mit dem Betriebsergebnis der Vollkostenrechnung (Kostenträgerblatt, Seite 66) übereinstimmt.

Betriebsergebnis Monat August 20.. (Geschäftsjahr)				
	Schreibtisch Typ A	**Schreibtisch Typ B**	**Schreibtisch Typ C**	**Summe**
Erlöse				
– variable Kosten				
= Deckungsbeitrag				
– fixe Kosten				
= Betriebsergebnis				

2. Zeigen Sie auf, wie Herr Bartoldi die fixen und variablen Kosten aus dem Kostenträgerblatt (S. 66) ermitteln konnte. Beachten Sie, dass in der Crome KG 10 % der Gemeinkosten variable Kosten sind.

3. Wie hoch wäre das Betriebsergebnis der Crome KG im Monat August ausgefallen, wenn die Aufträge von Fischer und Wolf zu deren Preisvorstellungen angenommen worden wären? Greifen Sie auf Ihre Berechnungen von S. 78 zurück.

Ergebnis: ______________________________

4. Ermitteln Sie nun auch mithilfe der mehrstufigen Deckungsbeitragsrechnung das Betriebsergebnis und erläutern Sie die Situation. Die fixen Kosten für spezielle Maschinenaggregate und Maschinenaufsätze lassen sich den drei Produkten folgendermaßen zuordnen: produktfixe Kosten: Typ A: 2.978,50 €; Typ B: 3.851,43 €; Typ C: 2.943,73 €, produktgruppenfixe Kosten: Für die Typen B und C fallen gemeinsam 6.137,22 € an; die unternehmensfixen Kosten sind zu ermitteln.

Betriebsergebnis Monat August 20.. (Geschäftsjahr)				
	Schreibtisch Typ A	**Schreibtisch Typ B**	**Schreibtisch Typ C**	**Summe**
Erlöse				
– variable Kosten				
= Deckungsbeitrag I (DB I)				
– produktfixe Kosten				
= Deckungsbeitrag II (DB II)				
– produktgruppenfixe Kosten				
= Deckungsbeitrag III (DB III)				
– unternehmensfixe Kosten				
= Betriebsergebnis				

Infotext: Betriebsergebnisrechnung als Deckungsbeitragsrechnung

Ebenso wie auf dem Kostenträgerblatt (BAB II) der Vollkostenrechnung kann auch mithilfe der Deckungsbeitragsrechnung der tatsächliche Erfolg jeder Abrechnungsperiode (Monat, Quartal, Jahr) ermittelt werden. Das Betriebsergebnis wird hier aber auf einem anderen Weg berechnet und muss natürlich identisch sein mit dem Betriebsergebnis in der Vollkostenrechnung. Der Vorteil dieses Verfahrens liegt darin, dass der Unternehmer am Ende der Abrechnungsperiode ablesen kann, welchen Beitrag jeder Kostenträger (Produkt bzw. Produktgruppe) zur Deckung der fixen Kosten geleistet hat. Man unterscheidet:

Einstufige Deckungsbeitragsrechnung

Am Ende einer Abrechnungsperiode wird für jede Produktgruppe die Summe der variablen Kosten (= Einzelkosten und variabler Anteil an Gemeinkosten) von den jeweiligen Umsatzerlösen abgezogen und damit der jeweilige Deckungsbeitrag errechnet. Abschließend wird der gesamte Fixkostenblock in einer Summe abgezogen:

Betriebsergebnis Monat August 20.. (Vorjahr)				
	Schreibtisch Typ A	Schreibtisch Typ B	Schreibtisch Typ C	Summe
Erlöse	106.325,20	102.483,74	47.920,04	256.728,98
– variable Kosten	66.957,87	69.080,72	30.699,38	166.737,97
= Deckungsbeitrag	**39.367,33**	**33.403,02**	**17.220,66**	**89.991,01**
– fixe Kosten				69.984,00
= Betriebsergebnis				**20.007,01**

Die einstufige Deckungsbeitragsrechnung verzichtet auf eine weitere Zerlegung der Fixkosten. Damit bleibt allerdings unklar, welcher Anteil der Fixkosten auf welche Produktgruppe entfällt.

Mehrstufige Deckungsbeitragsrechnung

Die mehrstufige Deckungsbeitragsrechnung ist aussagefähiger als die einstufige Deckungsbeitragsrechnung, denn sie weist aus, in welchem Maße die Deckungsbeiträge der einzelnen Produkte und Produktgruppen nur ihre eigenen Fixkosten oder auch andere Fixkosten decken bzw. zum Gewinn beitragen. Um das herauszufinden, werden die Fixkosten so genau wie möglich den einzelnen Produkten bzw. Produktgruppen zugeordnet:

Betriebsergebnis Monat August 20.. (Vorjahr)				
	Schreibtisch Typ A	Schreibtisch Typ B	Schreibtisch Typ C	Summe
Erlöse	106.325,20	102.483,74	47.920,04	256.728,98
– variable Kosten	66.957,87	69.080,72	30.699,38	166.737,97
= Deckungsbeitrag I (DB I)	**39.367,33**	**33.403,02**	**17.220,66**	**89.991,01**
– produktfixe Kosten	3.149,39	4.676,42	3.788,55	11.614,36
= Deckungsbeitrag II (DB II)	**36.217,94**	**28.726,60**	**13.432,11**	**78.376,65**
– produktgruppenfixe Kosten		7.588,57		7.588,57
= Deckungsbeitrag III (DB III)	**36.217,94**	**34.570,14**		**70.788,08**
– unternehmensfixe Kosten	50.781,07			50.781,07
= Betriebsergebnis				**20.007,01**

- **DB I:** Zunächst werden, wie in der einstufigen Deckungsbeitragsrechnung, die variablen Kosten von den Erlösen abgezogen. Ergebnis: DB I
- **DB II:** Vom DB I werden die Fixkosten, die bestimmten Produkten zugerechnet werden können („produktfixe Kosten“, z. B. Spezialfalzhobel für Schreibtisch Typ A) abgezogen. Ergebnis: DB II
- **DB III:** Vom DB II werden die Fixkosten, die mehreren Produkten gemeinsam zugerechnet werden können („produktgruppenfixe Kosten“, z. B. Sonderaufsatz für das CNC-Fräszentrum für die Bearbeitung der Schreibtische Typ B und C) abgezogen. Ergebnis: DB III
- **Betriebsergebnis:** Vom DB III werden die verbleibenden Fixkosten („unternehmensfixe Kosten“, z. B. Gehälter aus Verwaltung und Vertrieb) abgezogen. Ergebnis: Betriebsergebnis.

4 Bestimmen der Gewinnschwelle

Ein süddeutscher Möbelgroßhändler benötigt zukünftig ergonomische Schreibtische mit speziellen EDV-Vorrichtungen. Die genaue Abnahmemenge steht noch nicht fest. Der Nettoverkaufspreis pro Schreibtisch für die Crome KG beträgt 1.463,00€, die variablen Stückkosten belaufen sich auf 924,00€. Die Crome KG müsste für diesen Auftrag allerdings eine neue CNC-gesteuerte Maschine erwerben und einen Hallenanbau vornehmen. Insgesamt würden sich die monatlichen Fixkosten für diese neue Produktlinie auf eine Höhe von 16.170,00€ belaufen.

ARBEITSAUFTRÄGE

Bearbeiten Sie die Arbeitsaufträge mithilfe des nachfolgenden Infotextes.

1. Ermitteln Sie mithilfe folgender Tabelle die kritische Menge und leiten Sie eine Schlussfolgerung für die Crome KG ab.

Break-even-Analyse für Schreibtisch Typ D (neu)					
Absatzmenge	**Erlöse**	**Kv**	**DB I**	**$K_{produktfix}$**	**Gewinn/Verlust**
10					
15					
20					
25					
30					
35					
40					
45					
50					
55					
60					

2. Wie hoch wäre der Gewinn/Verlust bei einer Absatzmenge von 50 Stück?

   Antwort: ____________________

3. Ermitteln Sie die kritische Menge mit einer mathematischen Gleichung.

Infotext: Gewinnschwelle („Break-even-Point“)

Eine weitere und sehr bedeutsame Aufgabe der Teilkostenrechnung ist die Gewinnschwellen-Analyse. Damit lässt sich für jede Abrechnungsperiode herausfinden, ab welcher verkauften Menge ein ganzer Betrieb (bei Einproduktunternehmen) oder die einzelnen Produkte (bei Mehrproduktunternehmen) aus der Verlustzone in die Gewinnzone gelangen.

Herstellungsprozesse verursachen Fixkosten. Deshalb ist es unvermeidlich, dass ein Produkt bis zu einer bestimmten verkauften Menge erst einmal Verluste verursacht, selbst wenn das Produkt einen hohen Deckungsbeitrag erwirtschaftet. Bei Erreichen einer bestimmten Verkaufsmenge („kritische Menge“) entspricht die Höhe der gesamten Kosten genau der Höhe der gesamten Umsatzerlöse. In diesem Punkt ist zugleich die Höhe der Deckungsbeiträge identisch mit der Höhe der fixen Kosten, er wird als Gewinnschwelle („Break-even-Point“) bezeichnet, da er das Ende der Verlustzone markiert. Jedes weitere verkaufte Produkt erwirtschaftet dann nur noch Gewinne.

Beispiel:

Break-even-Analyse für Schreibtisch Typ X					
Absatzmenge	Erlöse	Kv	DB I	$K_{produktfix}$	Gewinn/Verlust
10	9.500,00	6.000,00	3.500,00	14.000,00	-10.500,00
15	14.250,00	9.000,00	5.250,00	14.000,00	-8.750,00
20	19.000,00	12.000,00	7.000,00	14.000,00	-7.000,00
25	23.750,00	15.000,00	8.750,00	14.000,00	-5.250,00
30	28.500,00	18.000,00	10.500,00	14.000,00	-3.500,00
35	33.250,00	21.000,00	12.250,00	14.000,00	-1.750,00
40	38.000,00	24.000,00	14.000,00	14.000,00	0,00
45	42.750,00	27.000,00	15.750,00	14.000,00	1.750,00
50	47.500,00	30.000,00	17.500,00	14.000,00	3.500,00
55	52.250,00	33.000,00	19.250,00	14.000,00	5.250,00
60	57.000,00	36.000,00	21.000,00	14.000,00	7.000,00

Die Gewinnschwellen-Analyse (Break-even-Analyse) lässt sich grafisch und rechnerisch durchführen:

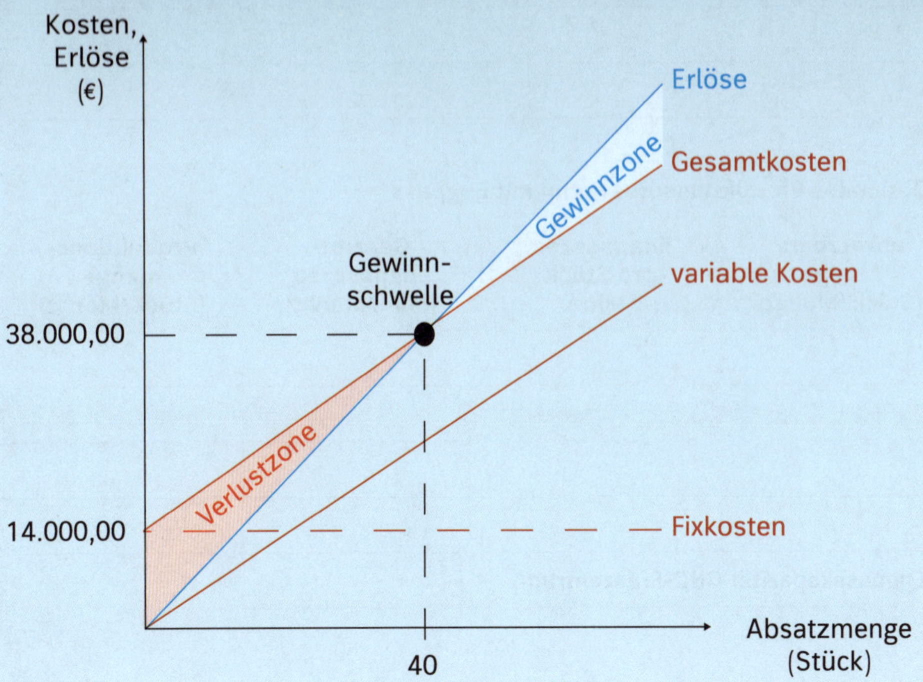

$$E = K$$
$$p \cdot x = K_f + k_v \cdot x$$
$$p \cdot x - k_v \cdot x = K_f$$
$$(p - k_v) \cdot x = K_f$$
$$db \cdot x = K_f$$
$$x = \frac{K_f}{db}$$

5 Optimieren des Produktionsprogramms

Die Crome KG hat sich für die Aufnahme des neuen Produkts entschieden. Damit bietet die Crome KG nun vier Schreibtischtypen an, die sich nach Angaben des Vertriebs auch alle gut verkaufen. Die Fertigungsplanung weist aber darauf hin, dass das CNC-Fräszentrum mit 160 Stunden Laufzeit pro Monat einen Produktionsengpass darstellt: Da alle Produkte diese Maschine durchlaufen müssen und da der Produktionsvorgang aufgrund komplexer Fräsvorgänge vergleichsweise langsam verläuft, kommt es an dieser Stelle regelmäßig zu einem Stau der Zwischenprodukte. Dieser Engpass hat zur Folge, dass nicht alle Produkte, die am Markt absetzbar wären, in der nötigen Zeit gefertigt werden können. Deshalb muss entschieden werden, in welcher Reihenfolge produziert werden und wie somit das optimale Produktionsprogramm aussehen soll. Folgende Daten liegen vor:

Produkt	Nettoverkaufspreis (€)	variable Stückkosten (€)	Engpasszeit pro Stück (Min.)	absetzbare Menge (Stück/Monat)
Schreibtisch A	568,00	343,00	24	240
Schreibtisch B	813,00	511,00	30	100
Schreibtisch C	1.218,00	767,00	36	25
Schreibtisch D	1.463,00	924,00	48	15

ARBEITSAUFTRAG

Ermitteln Sie mithilfe des nachfolgenden Infotextes das optimale Produktionsprogramm für die Crome KG. Bestimmen Sie dazu in einem ersten Schritt die Rangfolge der relativen Deckungsbeiträge und in einem zweiten Schritt das optimale Produktionsprogramm für das Unternehmen.

Bestimmen der Rangfolge der relativen Deckungsbeiträge				
Produkt	absoluter db (€)	Engpasszeit pro Stück (Min.)	relativer db (€/Min.)	Rang
Schreibtisch Typ A				
Schreibtisch Typ B				
Schreibtisch Typ C				
Schreibtisch Typ D				

Optimales Produktionsprogramm mit Engpass					
Rang	Produkt	absetzbare Menge (Stück/Monat)	Engpasszeit pro Stück (Min.)	Gesamtengpasszeit (Min./Monat)	Produktionsmenge (Stück/Monat)
1					
2					
3					
4					
		Engpasskapazität CNC-Fräszentrum:			

Infotext: Optimales Produktionsprogramm

Das Produktionsprogramm muss mit der Marketingabteilung abgestimmt werden. Aus Sicht der Kostenrechnung werden die Produkte in der Reihenfolge ihrer positiven Deckungsbeträge produziert. Dabei sind zwei Fälle zu unterscheiden:

Fall 1: Optimales Produktionsprogramm ohne Engpass

Sofern ausreichende Produktionskapazitäten vorhanden sind, bevorzugt der Kostenrechner die Produkte mit den höchsten Deckungsbeiträgen, Produkte mit negativem Deckungsbeitrag werden dem Produktionsprogramm entnommen („eliminiert“). Je höher der absolute Deckungsbeitrag (€/Stück), desto höher der Rang:

Optimales Produktionsprogramm ohne Engpass				
	Nettoverkaufspreis (€)	variable Stückkosten (€)	absoluter db (€)	Rang
Schreibtisch Typ A	547,00	342,00	205,00	4
Schreibtisch Typ B	816,00	510,00	306,00	3
Schreibtisch Typ C	1.224,00	765,00	459,00	2
Schreibtisch Typ D	1.475,00	922,00	553,00	1

Fall 2: Optimales Produktionsprogramm mit Engpass

In vielen Fällen benötigen mehrere Produkte eine gemeinsame „Engpasskapazität“, also einen Produktionsfaktor, der nicht in ausreichendem Maße zur Verfügung steht (z. B. eine langsame Maschine). Hier stellt sich der Unternehmer die Frage, in welcher Reihenfolge er produzieren soll, um seinen Gesamtdeckungsbeitrag zu maximieren. Dazu werden nicht mehr die absoluten, sondern die relativen Deckungsbeiträge (Deckungsbeitrag je Zeiteinheit) herangezogen. Üblicherweise werden relative Deckungsbeiträge in Euro je Minute oder Euro je Stunde angegeben. Das optimale Produktionsprogramm wird in zwei Schritten ermittelt:

Schritt 1: Für jedes Produkt wird der relative Stückdeckungsbeitrag ermittelt, indem der absolute Stückdeckungsbeitrag einfach durch die betreffende Fertigungszeit des Engpasses geteilt wird. Anschließend werden diese relativen Stückdeckungsbeiträge in eine Rangfolge gebracht.

Bestimmen der Rangfolge der relativen Deckungsbeiträge				
Produkt	absoluter db (€)	Engpasszeit pro Stück (Min.)	relativer db (€/Min.)	Rang
Schreibtisch Typ A	205,00	20	10,25	4
Schreibtisch Typ B	306,00	25	12,24	3
Schreibtisch Typ C	459,00	30	15,30	2
Schreibtisch Typ D	553,00	35	15,80	1

Schritt 2: Die Produkte werden gemäß ermitteltem Rang in der richtigen Reihenfolge aufgelistet. Abhängig von der absetzbaren Menge wird für jedes Produkt die gesamte Fertigungszeit errechnet und so viel wie möglich produziert.

Optimales Produktionsprogramm mit Engpass					
Rang	Produkt	absetzbare Menge (Stück/Monat)	Engpasszeit pro Stück (Min.)	Gesamtengpasszeit (Min./Monat)	Produktionsmenge (Stück/Monat)
1	Schreibtisch Typ D	50	35	1.750	50
2	Schreibtisch Typ C	100	30	3.000	100
3	Schreibtisch Typ B	150	25	3.750	150
4	Schreibtisch Typ A	200	20	1.100	55
		Engpasskapazität CNC-Fräszentrum:		**9.600**	

6 Berechnen der günstigeren Alternative: Eigenfertigung oder Fremdbezug

Ein guter Kunde der Crome KG benötigt kurzfristig Buchenschreibtische mit spezieller Haltevorrichtung für Computer verschiedener Hersteller. Um ein Angebot zu erstellen, muss Crome aufgrund einer Engpasssituation in der Produktion prüfen, ob ein kurzfristiger Fremdbezug weniger Kosten verursacht als die Eigenfertigung. Crome liegt dazu ein Angebot eines schwedischen Lieferanten vor, der das Produkt zum einem Nettoverkaufspreis von 950,00€ liefern könnte. Die variablen Kosten der Eigenfertigung belaufen sich auf 840,00€ pro Schreibtisch. Darüber hinaus kommt es am Engpass CNC-Fräszentrum zur Verdrängung der Schreibtische vom Typ A (absoluter Deckungsbeitrag: 225,00 €, Engpasszeit pro Stück: 24 Minuten). Die Eigenfertigung des neuen Produkts nimmt den Engpass pro Stück 15 Minuten lang in Anspruch.

ARBEITSAUFTRAG

Ermitteln Sie mithilfe des nachfolgenden Infotextes rechnerisch, ob Eigenfertigung oder Fremdbezug die kostengünstigere Alternative ist, und leiten Sie eine Empfehlung für Crome ab. Der relative Deckungsbeitrag des Schreibtisches vom Typ A wurde bereits im vorherigen Abschnitt ermittelt.

Begründete Empfehlung:

Infotext: Eigenfertigung oder Fremdbezug (Make or Buy)?

In vielen Fällen stehen Unternehmer vor der Entscheidung, Produkte bzw. Halbfertigprodukte selbst zu fertigen oder einfach nur bei einem Lieferanten einzukaufen („Make-or-Buy-Entscheidung“). Dabei müssen die Risiken des Fremdbezugs (Liefertreue, Qualität, Preisentwicklung, Abhängigkeiten usw.) sorgfältig analysiert werden. Die Kostenrechnung hat dabei die Aufgabe, die Kosten beider Alternativen gegenüberzustellen und damit eine Entscheidungsgrundlage zu liefern.

Grundsätzlich ist zwischen kurz- und langfristigen Make-or-Buy-Entscheidungen zu unterscheiden. Im Folgenden sollen nur **kurzfristige** Entscheidungen vertieft werden, bei denen die Fixkosten unberücksichtigt bleiben. Zunächst muss überprüft werden, ob ein Produktionsengpass vorliegt.

Fall 1: Make-or-Buy-Entscheidung ohne Engpass

Liegt kein Produktionsengpass vor, stehen also ausreichend freie Produktionskapazitäten zur Verfügung, so sind lediglich die variablen Kosten der Eigenfertigung dem Bezugspreis gegenüberzustellen und die günstigere Variante zu wählen:

- k_v < Bezugspreis ⇨ Eigenfertigung,
- k_v > Bezugspreis ⇨ Fremdbezug.

Fall 2: Make-or-Buy-Entscheidung mit Engpass

Tritt bei der Eigenfertigung jedoch ein Engpass auf, so führt die Eigenfertigung zwangsläufig zur Verdrängung eines anderen Produkts, dieses muss „warten“ und kann in der Eigenfertigungszeit an der Engpasseinheit keine Deckungsbeiträge mehr erwirtschaften. Die entgangenen Deckungsbeiträge des verdrängten Produkts werden als Kosten des neuen Produkts definiert, man nennt sie „Opportunitätskosten“ (Kosten der entgangenen Alternative). Liegt ein Produktionsengpass vor, müssen diese Kosten deshalb bei der Entscheidung „Eigen- oder Fremdbezug“ berücksichtigt werden:

- (k_v + Opportunitätskosten) < Bezugspreis ⇨ Eigenfertigung,
- (k_v + Opportunitätskosten) > Bezugspreis ⇨ Fremdbezug.

Die Opportunitätskosten werden folgendermaßen ermittelt:

Opportunitätskosten = Engpasszeit der Eigenfertigung · relativer db verdrängtes Produkt

Beispiel:

Engpasszeit der Eigenfertigung	= 20 Min.	
variable Kosten der Eigenfertigung	= 450,00 €	
absoluter db $_{\text{verdrängtes Produkt}}$	= 205,00 €	
Engpasszeit $_{\text{verdrängtes Produkt}}$	= 8 Min.	
relativer db $_{\text{verdrängtes Produkt}}$	= 25,63 €/Min.	
Opportunitätskosten	= 20 · 25,63	= 512,60 €
Kosten der Eigenfertigung	= 450,00 + 512,60	= 962,60 €

Der Betrag von 962,60 € wird dem Bezugspreis gegenübergestellt.

Merke: Bei Make-or-Buy-Entscheidungen mit Produktionsengpass sind Opportunitätskosten zu berücksichtigen.

Kompaktwissen

Kostenträgerrechnung (Teilkosten): Leitfragen und Ziele	
Leitfragen	• „Wie weit können wir den Verkaufspreis kurzfristig senken?" • „Wie rentabel sind die einzelnen Produkte/Produktgruppen/Aufträge?" • „Ab welcher Ausbringungsmenge kommen wir in die Gewinnzone?" • „Welche Produkte sollten wir in welcher Menge fertigen?"
Ziele	• **Ziel 1:** Ermitteln des Verhandlungsspielraums (kurzfristige Preisuntergrenze) • **Ziel 2:** Ermitteln des Beitrags der einzelnen Kostenträger zur Deckung der fixen Kosten und zum Betriebsergebnis • **Ziel 3:** Ermitteln der Gewinnschwelle (Break-even-Point) • **Ziel 4:** Ermitteln des gewinnoptimalen Produktionsprogramms

Kosten

fixe Kosten
Kosten, die unabhängig von der Produktionsmenge anfallen

variable Kosten
Kosten, die abhängig von der Produktionsmenge anfallen

Deckungsbeitrag

Stückdeckungsbeitrag (db)
Anteil, den ein einzelnes Produkt zur Deckung der fixen Kosten beiträgt (ausgedrückt in Euro oder Prozent)

Gesamtdeckungsbeitrag (DB)
Anteil, den alle betrachteten Produkte zur Deckung fixer Kosten beitragen (ausgedrückt in Euro oder Prozent)

Formelkasten	
Gesamtkosten	$K_f + k_v \cdot x$
kurzfristige Preisuntergrenze	k_v
liquiditätsorientierte Preisuntergrenze	$k_v + \frac{\text{ausgabewirksame } K_f}{x}$
langfristige Preisuntergrenze	k
Stückdeckungsbeitrag (db)	$p - k_v$
Gesamtdeckungsbeitrag (DB)	$E - K_v$
Gewinnschwelle (BEP)	$\frac{K_f}{db}$
Beschäftigungsgrad	$\frac{\text{tatsächliche Produktionsmenge}}{\text{Produktionskapazität}} \cdot 100$
relativer Deckungsbeitrag (db_{rel})	Euro/Engpasseinheit (z. B. €/Min.)
Opportunitätskosten	Engpasszeit der Eigenfertigung $\cdot$ db_{rel} verdrängtes Produkt

Betriebsergebnisrechnung

einstufig	mehrstufig
Erlöse	Erlöse
– variable Kosten	– variable Kosten
= Deckungsbeitrag	**= Deckungsbeitrag I**
– fixe Kosten	– produktfixe Kosten
= Betriebsergebnis	**= Deckungsbeitrag II**
	– produktgruppenfixe Kosten
	= Deckungsbeitrag III
	– unternehmensfixe Kosten
	= Betriebsergebnis

Optimales Produktionsprogramm

ohne Engpass
Rangfolge nach absolutem Deckungsbeitrag (€/Stück)

mit Engpass
Rangfolge nach relativem Deckungsbeitrag (€/Engpasseinheit)

Eigenfertigung oder Fremdbezug?

ohne Engpass
k_v < Bezugspreis: Eigenfertigung
k_v > Bezugspreis: Fremdbezug

mit Engpass
k_v + Opportunitätskosten < Bezugspreis: Eigenfertigung
k_v + Opportunitätskosten > Bezugspreis: Fremdbezug

Preisuntergrenzen

kurzfristige Preisuntergrenze

$$p = k_v$$

Der Preis entspricht den variablen Stückkosten.

mittelfristige (liquiditätsorientierte) Preisuntergrenze

$$p = k_v + \frac{\text{ausgabewirksame } K_f}{x}$$

Der Preis entspricht den variablen Stückkosten zzgl. ausgabewirksamer Fixkosten je Stück.

langfristige Preisuntergrenze

$$p = k$$

Der Preis entspricht den gesamten Stückkosten (= Selbstkosten aus der Vollkostenrechnung).

Vertiefungsaufgaben

1. Die ACCOLOR GmbH aus Dresden produziert Acryllacke für die Industrie. Im Monat März sind 85.650,00 € Fixkosten angefallen. Darüber hinaus liegen folgende Daten für den Monat März vor:

	Lack A	Lack B	Lack C
Bruttoverkaufspreis/Liter (€)	21,42	24,99	29,75
Absatzmenge (Liter)	6.500,0	4.000,0	3.500,0
variable Stückkosten (€)	12,50	10,90	18,90

a) Ermitteln Sie die Stückdeckungsbeiträge in Euro und Prozent. Der Umsatzsteuersatz beträgt 19 %.
b) Ermitteln Sie die Gesamtdeckungsbeiträge und das Betriebsergebnis.

2. Die Dreyer GmbH aus Karlsruhe stellt die Fahrradmodelle „Isabell", „Sandra" und „Patricia" her. Dem Controlling liegen für den Monat Dezember folgende Werte vor:

	Isabell	Sandra	Patricia
Nettoverkaufspreis (€)	890,00	950,00	1.050,00
Absatzmenge (Stück)	315	240	350
variable Stückkosten (€)	490,00	760,00	560,00
produktfixe Kosten (€)	54.000,00	52.000,00	61.000,00
produktgruppenfixe Kosten (€)	39.000,00		
unternehmensfixe Kosten (€)	128.000,00		

a) Ermitteln Sie die DB I bis III sowie das Betriebsergebnis und erläutern Sie Ihr Ergebnis.
b) Die Unternehmensleitung erwägt, Produkte mit negativem Deckungsbeitrag zu eliminieren. Ermitteln Sie die damit verbundenen Auswirkungen auf das Betriebsergebnis sowohl für den Fall, dass produktfixe Kosten kurzfristig abgebaut werden können, als auch für den Fall, dass dies nicht möglich ist.

3. Die Tellmann AG, ein Zulieferbetrieb der Automobilindustrie, plant die Errichtung einer neuen Produktionsanlage zur Herstellung luxuriöser Autositze (monatliche Produktionskapazität: 400 Stück). Die Sitze könnten für einen Nettoverkaufspreis in Höhe von 2.500,00 € bei variablen Stückkosten in Höhe von 1.360,00 € abgesetzt werden. Die monatlichen Fixkosten betragen 79.800,00 €.

a) Ermitteln Sie die Gewinnschwelle tabellarisch, grafisch und mathematisch.
b) Bei welchem Beschäftigungsgrad wird die Gewinnschwelle erreicht?

4. Die Metallwerke GmbH aus Magdeburg stellt Vakuumpumpen für Industriebetriebe her. Für den Monat Mai liegen Ihnen folgende Angaben vor:

	Produktgruppe A		Produktgruppe B	
	Pumpe Typ I	Pumpe Typ II	Pumpe Typ III	Pumpe Typ IV
Absatzmenge (Stück)	15	9	7	20
Nettoverkaufspreis (€)	4.680,00	6.390,00	8.600,00	9.850,00
variable Stückkosten (€)	1.850,00	2.480,00	6.750,00	6.150,00
produktfixe Kosten (€)	11.900,00	14.000,00	18.900,00	13.230,00
produktgruppenfixe Kosten (€)	15.340,00		16.500,00	
unternehmensfixe Kosten (€)	25.880,00			

a) Ermitteln Sie die Deckungsbeiträge I, II und III und das Betriebsergebnis.

b) Prüfen Sie rechnerisch, wie sich die Elimination von Produkten mit negativem Deckungsbeitrag auf das Betriebsergebnis auswirkt. Die produktfixen Kosten sind kurzfristig abbaubar.

c) Ein rumänischer Kunde ist bereit, eine weitere Pumpe vom Typ I zum halben Preis abzunehmen. Sollte dieser Zusatzauftrag angenommen werden? Begründen Sie Ihre Meinung.

5. Die Neuhaus KG produziert speziell beschichtete Kupferspulen für Elektromotoren (Nettoverkaufspreis: 65,00 €), die monatliche Produktionskapazität beträgt 8.000 Stück. Für den Monat September liegen folgende Angaben vor: Produktionsmenge: 6.000 Stück, Kosten für Fertigungsmaterial: 120.000,00 €, Fertigungslöhne: 86.000,00 €, Energiekosten: 10.000,00 € (davon fix: 60 %), Gehälter: 47.000,00 €, kalkulatorische Abschreibungen: 44.000,00 €, Leasingraten: 5.000,00 €, kalkulatorischer Unternehmerlohn: 18.000,00 €. Die Monatsproduktion ist vollständig am Markt absetzbar.

   a) Wie hoch ist der Beschäftigungsgrad des Unternehmens im September?
   b) Berechnen Sie den Stück- und den Gesamtdeckungsbeitrag sowie das Betriebsergebnis.
   c) Ermitteln Sie für bevorstehende Verkaufsverhandlungen die kurzfristige sowie die liquiditätsorientierte Preisuntergrenze und erläutern Sie den Unterschied.
   d) Bei welchem Beschäftigungsgrad erreicht das Unternehmen die Gewinnschwelle?
   e) Ermitteln Sie die Stückkosten und den Stückgewinn.
   f) Die Neuhaus KG steht vor der Entscheidung, einen einmaligen Zusatzauftrag eines koreanischen Importeurs (400 Spulen für einen Nettoverkaufspreis von je 50,00 €) anzunehmen. Ermitteln Sie das Betriebsergebnis und den Beschäftigungsgrad bei Auftragsannahme.

6. Die Sedlmayer OHG aus Augsburg produziert Lederrucksäcke. Eine Spezialnähmaschine, die von allen Produkten durchlaufen werden muss, stellt mit 400 Fertigungsstunden pro Monat einen Produktionsengpass dar. Ermitteln Sie mithilfe nachfolgender Daten das optimale Produktionsprogramm.

Rucksack	Netto-verkaufspreis (€)	Maximale Absatz-menge (Stück/Monat)	variable Stückkosten (€)	Engpasszeit pro Stück (Std.)
Typ 1	160,00	300	96,00	0,3
Typ 2	180,00	300	126,00	0,4
Typ 3	240,00	200	120,00	0,6
Typ 4	290,00	200	174,00	0,8

7. Die Würzburger Lagerwerke GmbH fertigt Kugellager für Industriemaschinen. In der Produktion stellt ein langsamer Drehautomat mit 20.000 Produktionsminuten pro Monat einen Engpass dar. Die Fixkosten des Unternehmens belaufen sich auf 189.600,00 €. Folgende Angaben liegen Ihnen vor:

Kugellager	Netto-verkaufspreis (€)	Maximale Absatz-menge (Stück/Monat)	variable Stückkosten (€)	Engpasszeit pro Stück (Min.)
Modell A	480,00	400	336,00	12
Modell B	550,00	350	275,00	25
Modell C	650,00	250	390,00	20
Modell D	350,00	200	210,00	20

   a) Ermitteln Sie das optimale Produktionsprogramm und das Betriebsergebnis.
   b) Inwiefern ändern sich die Ergebnisse aus Aufgabe a) nach Beseitigung des Engpasses?

8. Die Seeberg KG fertigt unterschiedliche Typen elektronischer Steuerungsmodule für Heizungsanlagen. Dem Kostenrechner liegen für den Folgemonat folgende Planungsdaten vor:

Modul-typ	Netto-verkaufspreis (€/Stück)	Fertigungs-material (€/Stück)	Fertigungs-dauer je Stück (Min.)	maximale Absatzmenge (Stück)	Lager-bestand (Stück)
CL-A	240,00	180,00	3,0	800	95
CL-B	290,00	230,00	4,0	1.200	64
CL-C	320,00	215,00	6,0	900	0
CL-D	390,00	335,00	9,0	800	70

Darüber hinaus gilt: variable Fertigungskosten je Fertigungsminute: 8,00 €, maximale Fertigungskapazität: 14.400 Fertigungsminuten. Die Unternehmensleitung verlangt den vorrangigen Abverkauf der Lagerbestände, bis auf Weiteres soll auch nicht mehr auf Lager produziert werden.

a) Ermitteln Sie für den Folgemonat das optimale Produktions- und Absatzprogramm.
b) Wegen technischer Probleme reduziert sich die Produktionskapazität des Folgemonats auf 10.500 Minuten. Ermitteln Sie das neue optimale Produktions- und Absatzprogramm.
c) Wie ist die Minimierung von Lagerbeständen aus Sicht der Kostenrechnung zu beurteilen?

9. Die Alwin Krause KG produziert Stoßdämpfer für die Automobilindustrie. Das Unternehmen steht vor der Entscheidung, den neuen Stoßdämpfertyp „NE 600" (Nettoverkaufspreis: 690,00 €) selbst zu fertigen oder von einem Qualitätshersteller aus der Schweiz für 350,00 € zu beziehen. Die variablen Stückkosten der Eigenfertigung belaufen sich auf 250,00 €. Allerdings käme es zu einem Produktionsengpass an einer Drehmaschine: Dort würde das Modell „Sport 2020" (Nettoverkaufspreis: 560,00 €, variable Stückkosten: 180,00 €) verdrängt, welches die Drehmaschine 40 Minuten je Stück in Anspruch nimmt. Der neue Typ „NE 600" belegt dieselbe Drehmaschine 12 Minuten je Stück. Die Produktion beider Typen kann am Markt vollständig abgesetzt werden. Sollte die Alwin Krause KG den neuen Stoßdämpfertyp aus Sicht der Kostenrechnung selbst fertigen oder fremdbeziehen?

F Prozesskostenrechnung

Praxisfall „Crome KG“

1 Diskutieren der Grenzen der Vollkostenrechnung – Teil II

Bartoldi: Hallo Herr Konrad, haben Sie einen Moment Zeit?

Konrad: Guten Morgen Herr Bartoldi, für Sie doch immer. Was gibt's denn?

Bartoldi: Ich habe mir eben noch mal unsere Kalkulationen für Schreibtischtyp B im Monat August angesehen. Dabei ist mir aufgefallen, dass wir die Materialgemeinkosten von Auftrag Nr. 7 für Kunde Gabbert mit 2.883,00€ und die von Auftrag Nr. 2 für Kunde Haase mit 432,45€ kalkuliert hatten. Jetzt frage ich Sie: Warum muss Kunde Gabbert fast sieben Mal so viel Materialgemeinkosten bezahlen wie Kunde Haase?

Konrad: Mir liegt vor, dass Gabbert ja auch erheblich mehr Tische abgenommen hatte.

Bartoldi: Das ist richtig. Haase hatte 15 und Gabbert hatte 110 Tische bestellt.

Konrad: Na dann hat doch alles seine Richtigkeit. Mehr Einzelkosten für Fertigungsmaterial bedeuten eben auch entsprechend mehr Materialgemeinkosten.

Bartoldi: Genau da sehe ich aber das Problem, Herr Konrad. Mit unserem Materialgemeinkosten-Zuschlagssatz tun wir so, als würden sich die Gemeinkosten im selben Verhältnis wie die Einzelkosten entwickeln – und das stimmt eben nicht.

Konrad: Nun gut, es ist etwas ungenau, aber wie wollen Sie die Materialgemeinkosten denn sonst in die Verkaufspreise kalkulieren?

Bartoldi: Ich habe gerade mit Frau Hustedt aus dem Einkauf gesprochen und sie gefragt, wie viel aufwendiger aus ihrer Sicht der Auftrag Nr. 7 gegenüber dem Auftrag Nr. 2 war. Und sie sagte mir, es mache aus ihrer Sicht keinen großen Unterschied, ob sie Material für 4.500,00€ oder für 30.000,00€ bestelle – und das gleiche betreffe auch die Kosten der Einlagerung.

Konrad: Worauf wollen Sie eigentlich hinaus, Herr Bartoldi?

Bartoldi: Herr Konrad, wir müssen in der Kostenrechnung darauf bedacht sein, die angefallenen Kosten den Kostenträgern verursachungsgerecht zuzuordnen. Und Gabbert hat eben nicht das Siebenfache an Materialgemeinkosten von Haase verursacht. Vielleicht etwas mehr, da ja auch mehr Material zu verwalten war, aber niemals das Siebenfache!

Konrad: Da kann ich Ihnen leider nicht widersprechen. Aber wie wollen Sie die Gemeinkosten dann kalkulieren?

Bartoldi: Nun, in vielen Großunternehmen ist es längst üblich, mit Prozesskosten zu kalkulieren. Das heißt: Die schauen sich an, welche betrieblichen Prozesse für einen Auftrag erforderlich und welche Kosten mit diesen Prozessen verbunden sind. Und jeder Auftrag wird dann mit den Prozesskosten belastet, die er auch tatsächlich verursacht hat.

Konrad: Prozesse, Prozesse ... - was für Prozesse?

Bartoldi: Um bei unserem Beispiel zu bleiben, meine ich die Prozesse, die durch einen Auftrag in der Kostenstelle Material ausgelöst werden, wie zum Beispiel der Prozess der Einholung von Angeboten, der Reklamationsbearbeitung oder der Einlagerung von Fertigungsmaterial.

Konrad: Verstehe. Aber ist das nicht viel zu kompliziert?

Bartoldi: Ich denke nicht. Ich werde das mal beispielhaft für die Kostenstelle Material durchspielen.

Konrad: Da bin ich ja mal gespannt, welche Preise Sie mit Ihrer Prozesskostenrechnung kalkulieren.

ARBEITSAUFTRÄGE

1. Lesen Sie den nebenstehenden Dialog der Kostenrechner Herrn Bartoldi und Herrn Konrad.

2. Nennen Sie konkrete Beispiele für Materialgemeinkosten der Crome KG.

3. Ermitteln und erläutern Sie die Differenz der Materialgemeinkosten zwischen Auftrag Nr. 2 (Kunde Haase) und Auftrag Nr. 7 (Kunde Gabbert).

4. Welches grundlegende Problem bemängelt Herr Bartoldi?

5. Welche Lösung schlägt Herr Bartoldi vor?

2 Ermitteln der Teilprozesse und ihrer Kosten

Frau Hustedt aus der Abteilung Einkauf hat für die Kostenstelle „Material" (umfasst die Abteilungen Einkauf und Lager) gemeinsam mit Herrn Bartoldi alle Tätigkeiten ihrer Abteilung für das abgelaufene Geschäftsjahr analysiert und folgende Teilprozesse ermittelt:

„Für einige Aufträge müssen wir zuerst mal **Bezugsquellen ermitteln**, also neue Lieferanten suchen. Im letzten Geschäftsjahr dauerte das je Lieferant im Durchschnitt 1,5 Mitarbeiterstunden. Das bedeutet, dass ein Mitarbeiter rund eineinhalb Stunden damit beschäftigt war, einen neuen und geeigneten Lieferanten zu finden. Dieser Teilprozess fiel im letzten Geschäftsjahr etwa 80-mal an.

In vielen Fällen müssen wir aktuelle **Angebote einholen**, die Rohstoffpreise in unserer Branche sind ja ständig in Bewegung und bestimmte Lieferanten machen immer wieder gute Angebote. Dazu müssen wir Anfragen an entsprechende Lieferanten verschicken und die eingehenden Angebote vergleichen. Das dauerte im letzten Geschäftsjahr pro Angebot 0,8 Mitarbeiterstunden und war rund 400-mal erforderlich.

Wir haben im letzten Geschäftsjahr 640 **Bestellungen aufgegeben**, wobei jede Bestellung den betreffenden Mitarbeiter eine Viertelstunde in Anspruch nahm.

Wenn die Lieferung kommt, müssen wir das **Material annehmen**. Dazu müssen Liefertermine abgestimmt werden, dann prüfen wir den Lieferschein und vor allem das angelieferte Material. Je mehr verschiedene Lieferpositionen geliefert werden, desto mehr Zeit kostet uns das, die Liefermenge spielt dagegen eine untergeordnete Rolle. Wir hatten letztes Geschäftsjahr 1.600 verschiedenen Lieferpositionen, wobei jede davon durchschnittlich eine dreiviertel Mitarbeiterstunde in Anspruch nahm.

Jede Bestellung zieht durchschnittlich eine **Eingangsrechnung** unserer Lieferanten nach sich. Diese müssen wir grundsätzlich **prüfen**, das dauert etwa so lange wie die Bestellungsaufgabe.

Wenn wir bei der Wareneingangskontrolle mangelhafte Ware vorfinden, müssen wir natürlich reklamieren. Aber das **Bearbeiten von Reklamationen** kommt eher selten vor, im letzten Geschäftsjahr rund 80-mal. Jede Reklamation kostete uns allerdings rund eine Mitarbeiterstunde.

Schließlich müssen wir das **Material** an unsere Produktion **ausgeben** – und zwar immer das, was gerade benötigt wird. Der Zeitaufwand der Materialausgabe hängt auch hier von der Anzahl der unterschiedlichen Ausgabepositionen ab, nicht von der Ausgabemenge. Wir kamen letztes Geschäftsjahr auf etwa 2.400 Ausgabepositionen, wovon jede durchschnittlich 0,4 Mitarbeiterstunden in Anspruch nahm.

Auch das **Leiten der Kostenstelle** haben wir als Teilprozess definiert, eine sehr abwechslungsreiche Aufgabe. Dahinter verbergen sich vor allem die Koordination diverser Tätigkeiten und die Kontrolle der Wirtschaftlichkeit dieser Kostenstelle. Die Leitung der Kostenstelle beanspruchte im letzten Geschäftsjahr etwa 800 Mitarbeiterstunden.

Als letzten Teilprozess haben wir die **einmaligen Restaufgaben** wie etwa das Verfassen von Berichten für das Controlling oder gelegentliche Dateneingaben in unsere EDV. Dafür waren noch einmal 200 Mitarbeiterstunden erforderlich."

ARBEITSAUFTRÄGE

1. In der Kostenstelle „Material“ sind im Vorjahr 100.000,00 € Gemeinkosten angefallen. Ermitteln Sie die Teilprozesskosten dieser Kostenstelle mithilfe der vorliegenden Angaben und dem nachfolgenden Infotext.

Teilprozessanalyse							
Kostenstelle: Material			Zeitrahmen: Vorjahr			Gemeinkosten (Ist): 100.000,00	
Teilprozess	Typ	Kostentreiber (Cost Driver) Anzahl der ...	Teilprozessmenge	Dauer je Prozess (Std.)	Dauer gesamt (Std.)	Anteil in %	Teilprozesskosten (€/Jahr)
				Summen			

2. Fassen Sie die Ergebnisse der Analyse in wenigen Worten zusammen.

____

____

____

____

____

Infotext: Teilprozesse und Teilprozesskosten

Ausgangsproblem und Grundgedanke

Die Gemeinkosten „indirekter“ Kostenstellen (Kostenstellen, die nicht direkt am Produktionsprozess beteiligt sind, wie z. B. Material, Verwaltung, Vertrieb usw.) haben in den letzten Jahrzehnten anteilig zugenommen und entwickeln sich in der Regel nicht, wie die Zuschlagskalkulation unterstellt, prozentual zu den Einzel- bzw. Herstellkosten, sondern sind abhängig von betrieblichen Prozessen.

Beispiel Belaufen sich die Herstellkosten bei einem Kleinauftrag auf 10.000,00 € und bei einem Großauftrag auf 100.000,00 €, so würden die Vertriebsgemeinkosten bei der traditionellen Zuschlagskalkulation bei dem Großauftrag um das Zehnfache höher ausfallen als bei dem Kleinauftrag. Tatsächlich aber können die Vertriebsprozesse und deren Kosten identisch sein.

Aus diesem Grunde interessiert sich die Prozesskostenrechnung für die betrieblichen Prozesse und die damit verbundenen Kosten. Die Prozesse innerhalb einer Kostenstelle werden dabei als „Teilprozesse“ bezeichnet.

Identifizieren von Teilprozessen

Im Rahmen einer Tätigkeitsanalyse werden mithilfe von Fragebögen, Stellenbeschreibungen, Ablaufplänen usw. alle Tätigkeiten einer Kostenstelle und ihre Dauer erfasst. Dabei wird auf Erfahrungswerte aus der Vergangenheit zurückgegriffen. Diese Tätigkeiten werden Kostenstelle für Kostenstelle zu „Teilprozessen“ zusammengefasst.

Beispiel In der Kostenstelle „Vertrieb“ können die Tätigkeiten „Analysieren einer Anfrage“, „Prüfen des Lagerbestandes“, „Klären der Lieferfähigkeit von Rohstoffen“, „Abstimmen mit der Produktion“ und „Verfassen und Versenden eines Angebots“ zum Teilprozess „Angebot erstellen“ zusammengefasst werden.

Bestimmen von Prozesstyp und Kostentreiber

- **Leistungsmengeninduzierte (lmi) Teilprozesse** sind wiederkehrende, standardisierte und gleichartig strukturierte Teilprozesse, deren Häufigkeit („Prozessmenge“) und damit auch deren Kosten abhängig vom Leistungsoutput der Kostenstelle sind (z. B. Teilprozess „Angebote erstellen“). Die Bezugsgröße, welche die Kosten eines leistungsmengeninduzierten Teilprozesses in die Höhe treibt, nennt man **„Kostentreiber“** (hier: Anzahl der Angebote). Mit anderen Worten: Je mehr Angebote, desto höher die Kosten dieses Teilprozesses.
- **Leistungsmengenneutrale (lmn) Teilprozesse** sind unabhängig vom Leistungsoutput einer Kostenstelle (z. B. „Leiten der Kostenstelle“). Sie fallen also selbst dann an, wenn die Kostenstelle keine Leistung erbringt. Hier gibt es somit auch keine Kostentreiber.

Ermitteln der Teilprozesskosten

Die in der Vorperiode angefallenen Gemeinkosten (Istkosten) einer Kostenstelle werden unter Berücksichtigung des Einsatzes an Personal- und Sachressourcen auf die einzelnen Teilprozesse der Kostenstelle verteilt. In Kostenstellen mit hohem Personalkostenanteil (z. B. Einkauf, Verwaltung, Vertrieb) werden die Sachkosten oft aus Gründen der Vereinfachung proportional zu den Personalkosten angesetzt.

Beispiel

Teilprozessanalyse							
Kostenstelle: Vertrieb		Zeitrahmen: Vorjahr			Gemeinkosten (Ist):		90.000,00
Teilprozess	Typ	Kostentreiber (Cost Driver) Anzahl der …	Teilprozessmenge	Dauer je Prozess (Std.)	Dauer gesamt (Std.)	Anteil in %	Teilprozesskosten (€/Jahr)
Kunde beraten	lmi	Kundenberatungen	1.200	1,50	1.800	51,14	46.026,00
Angebot erstellen	lmi	Angebote	800	0,40	320	9,09	8.181,00
Auftrag annehmen	lmi	Aufträge	400	0,50	200	5,68	5.112,00
Auftragsbestätigung erstellen	lmi	Auftragsbestätigungen	400	0,50	200	5,68	5.112,00
Ausgangsrechnung erstellen	lmi	Ausgangsrechnungen	400	0,50	200	5,68	5.112,00
Kostenstelle leiten	lmn				800	22,73	20.457,00
				Summen	3.520	100,00	90.000,00

3 Berechnen der Teilprozesskostensätze

ARBEITSAUFTRÄGE

1. Ermitteln Sie mithilfe der Ergebnisse der Teilprozessanalyse und des nachfolgenden Infotextes die Teilprozesskostensätze der Kostenstelle „Material".

Ermitteln der Teilprozesskostensätze					
Kostenstelle: Material					
Teilprozesse	**Teilprozesskosten (€/Jahr)**	**Teilprozessmengen (Anzahl/Jahr)**	**Kostensätze**		
			lmi	**lmn**	**lmi + lmn**
1 lmi-Teilprozesse					
Summe lmi					
2 lmn-Teilprozesse					
Summe lmn					
Summe lmi + lmn					

Umlageschlüssel (lmn/lmi) · 100 =

2. Erläutern Sie anschließend die Bedeutung dieser Teilprozesskostensätze (lmi + lmn).

Infotext: Berechnen von Teilprozesskostensätzen

Mithilfe der Teilprozesskosten können nun die Teilprozesskostensätze ermittelt werden, welche die Kosten der einmaligen Durchführung eines Prozesses in einer Kostenstelle zum Ausdruck bringen. Sie werden für die Preiskalkulation benötigt.

Ermitteln der lmi-Teilprozesskostensätze

Zunächst werden für jede Kostenstelle die Teilprozesse aus der Prozessanalyse übernommen und nach lmi- und lmn-Teilprozessen getrennt erfasst. Dann werden für jeden lmi-Teilprozess die Teilprozesskosten durch die Teilprozessmengen geteilt, um die lmi-Teilprozesskostensätze zu erhalten (siehe Beispiel unten). Diese geben an, welche Kosten bei der einmaligen Durchführung eines lmi-Teilprozesses entstehen, dabei bleiben die Kosten der lmn-Prozesse noch unberücksichtigt.

Ermitteln der lmn-Umlagesätze

Die lmn-Teilprozesskosten werden mithilfe eines prozentualen Umlageschlüssels auf die lmi-Teilprozesskosten umgelegt. Dazu wird zunächst die Summe der lmn-Teilprozesskosten der Kostenstelle durch die Summe der lmi-Teilprozesskosten geteilt und anschließend mit 100 multipliziert:

$$\text{Umlageschlüssel} = \frac{\text{Summe der lmn-Teilprozkosten} \cdot 100}{\text{Summe der lmi-Teilprozesskosten}}$$

Anschließend wird jeder lmi-Teilprozesskostensatz mit dem Umlageschlüssel multipliziert, um den zugehörigen lmn-Umlagesatz zu berechnen (siehe Beispiel unten).

Ermitteln der Gesamt-Teilprozesskostensätze

Schließlich werden für jeden lmi-Teilprozess der lmi- und der lmn-Prozesskostensatz zusammengerechnet, um die gesamten Teilprozesskosten (lmi + lmn) zu erhalten. Diese bringen zum Ausdruck, was die einmalige Durchführung eines lmi-Teilprozesses insgesamt kostet (siehe Beispiel). Aus Gründen der Vereinfachung werden die Gesamt-Teilprozesskostensätze im Folgenden nur als „Teilprozesskostensätze“ bezeichnet.

Ermitteln der Teilprozesskostensätze					
Kostenstelle: Vertrieb					
	Teilprozess-kosten (€/Jahr)	**Teilprozess-mengen (Anzahl/Jahr)**	**Kostensätze**		
			lmi	**lmn**	**lmi + lmn**
1 lmi-Teilprozesse					
Kunde beraten	46.026,00	1.200	38,36	11,29	49,65
Angebot erstellen	8.181,00	800	10,23	3,01	13,24
Auftrag annehmen	5.112,00	400	12,78	3,76	16,54
Auftragsbestätigung erstellen	5.112,00	400	12,78	3,76	16,54
Ausgangsrechnung erstellen	5.112,00	400	12,78	3,76	16,54
Summe lmi	**69.543,00**				
2 lmn-Teilprozesse					
Kostenstelle leiten	20.457,00				
Summe lmn	**20.457,00**				
Summe lmi + lmn	**90.000,00**				

Umlageschlüssel (lmn/lmi) · 100 = 29,42 %

4 Berechnen der Hauptprozesskostensätze

Frau Hustedt aus der Kostenstelle „Material" hat festgestellt, dass sich die Beschaffungsprozesse der drei Schreibtischtypen der Crome KG (A, B und C) grundsätzlich unterscheiden: Beispielsweise müssen für Typ A weder Bezugsquellen ermittelt noch Angebote eingeholt werden, wohl aber für Typ B und Typ C. Und für Typ C sind grundsätzlich mehr Teile einzukaufen als für Typ A und Typ B usw.

Aus diesem Grunde hat sich der Kostenrechner, Herr Bartoldi, entschieden, die Materialbeschaffung für jeden Schreibtischtyp je Auftrag als eigenen Hauptprozess zu definieren:

- **Hauptprozess 1:** „Materialbeschaffung Typ A",
- **Hauptprozess 2:** „Materialbeschaffung Typ B",
- **Hauptprozess 3:** „Materialbeschaffung Typ C".

ARBEITSAUFTRÄGE

Zur Ermittlung der kostenstellenübergreifenden Hauptprozesskostensätze erhalten Sie nachfolgendes Schema, in das bereits alle Prozesskoeffizienten und die Teilprozesskostensätze der Kostenstelle „Verwaltung" für Prozesse der Buchung und Zahlung eingetragen sind.

1. Ergänzen Sie die Teilprozesskostensätze aus der Kostenstelle „Material".

2. Berechnen Sie die Hauptprozesskostensätze (HPKS) für die drei Hauptprozesse und erklären Sie ihre Bedeutung.

Teilprozess	Kostenstelle	Teilprozesskostensatz (€)	Hauptprozess 1 Materialbeschaffung (je Auftrag) Schreibtisch Typ A		Hauptprozess 2 Materialbeschaffung (je Auftrag) Schreibtisch Typ B		Hauptprozess 3 Materialbeschaffung (je Auftrag) Schreibtisch Typ C	
			Prozesskoeffizient	Hauptprozesskosten	Prozesskoeffizient	Hauptprozesskosten	Prozesskoeffizient	Hauptprozesskosten
Bezugsquelle ermitteln			0		2		4	
Angebot einholen			0		4		7	
Bestellung aufgeben			5		7		10	
Material annehmen			16		21		25	
Eingangsrechnung prüfen			5		7		10	
Reklamation bearbeiten			0,5		1		3	
Material ausgeben			24		27		28	
Eingangsrechnung buchen	Verwaltung	7,25	5		7		10	
Eingangsrechnung bezahlen und buchen	Verwaltung	12,50	5		7		10	
			HPKS:		HPKS:		HPKS:	

3. Benennen Sie den Kostentreiber der Hauptprozesse 1, 2 und 3.

___

___

___

Infotext: Berechnen von Hauptprozesskostensätzen

Zusammenfassen von Teilprozessen zu Hauptprozessen

Die Teilprozesse der einzelnen Kostenstellen können nun zu kostenstellenübergreifenden Hauptprozessen zusammengefasst werden. Voraussetzung ist, dass die betreffenden Teilprozesse eines Hauptprozesses stets im gleichen Mengenverhältnis zueinander anfallen.

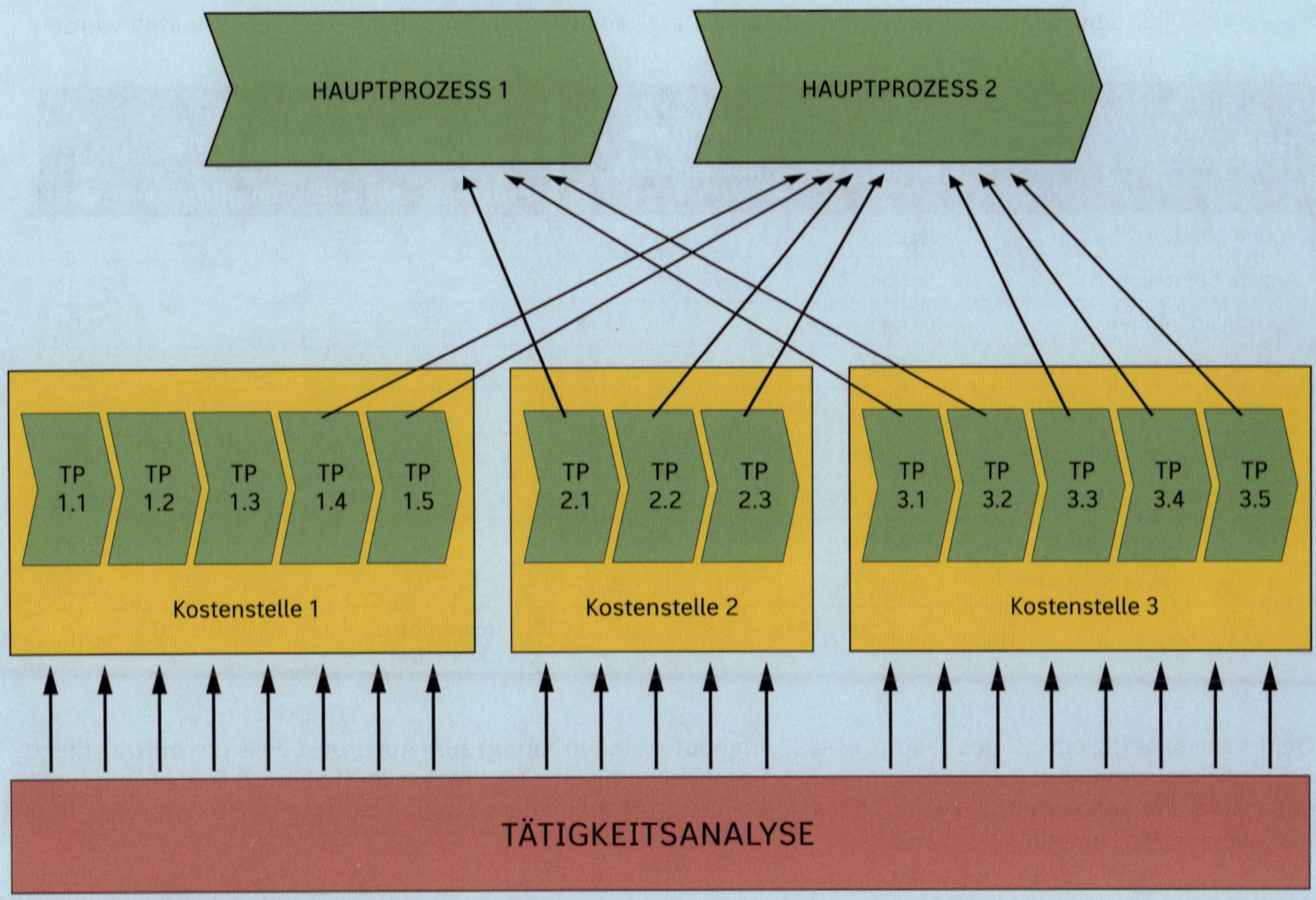

Kostentreiber von Hauptprozessen

Hauptprozesse sind wiederkehrende Prozessketten, die sich aus einer Vielzahl von Teilprozessen zusammensetzen. Jedem Hauptprozess wird nun – wie bereits den lmi-Teilprozessen – ein Kostentreiber zugeordnet. Es handelt sich dabei um die Bezugsgröße, welche die Kosten des Hauptprozesses in die Höhe treibt. Der Kostentreiber eines Hauptprozesses kann, muss aber nicht identisch mit einem der lmi-Teilprozess-Kostentreiber sein.

Beispiele:

Hauptprozess	Kostentreiber
Neuprodukte einführen	Anzahl der Neuprodukte
Inlandsaufträge abwickeln	Anzahl der Inlandsaufträge
Auslandsaufträge abwickeln	Anzahl der Auslandsaufträge
Mitarbeiter/-innen betreuen	Anzahl der Mitarbeiter

Berechnen von Hauptprozesskostensätzen

Für jeden Hauptprozess wird nun ein Hauptprozesskostensatz berechnet, welcher die Kosten der einmaligen Durchführung dieses Hauptprozesses ausdrückt. Dazu werden die ermittelten Teilprozesskostensätze nacheinander mit dem zugehörigen **„Prozesskoeffizienten"** multipliziert, welcher die Anzahl der jeweiligen Teilprozesse je Hauptprozess ausdrückt. Die Summe der Teilergebnisse ergibt schließlich den Hauptprozesskostensatz. Dieser kann unmittelbar in die Angebotskalkulation übernommen werden.

Beispiel: Für den Hauptprozess „Auftragsbearbeitung" soll der Hauptprozesskostensatz ermittelt werden:

Teilprozess	Kostenstelle	Teilprozesskostensatz (€)	Hauptprozess Auftragsbearbeitung	
			Prozesskoeffizient	Hauptprozesskosten
Kunde beraten	Vertrieb	49,65	4	198,60
Angebot erstellen	Vertrieb	13,24	2	26,48
Auftrag annehmen	Vertrieb	16,54	1	16,54
Auftragsbestätigung erstellen	Vertrieb	16,54	1	16,54
Ausgangsrechnung erstellen	Vertrieb	16,54	1	16,54
Ausgangsrechnung buchen	Verwaltung	15,00	1	15,00
Zahlungseingang überwachen	Verwaltung	10,00	2	20,00
Mahnung versenden	Verwaltung	64,00	0,5	32,00
Zahlungseingang buchen	Verwaltung	26,00	1	26,00
			Hauptprozesskostensatz:	**367,70**

Der Prozesskoeffizient „2" des Teilprozesses „Angebot erstellen" bringt zum Ausdruck, dass pro Auftrag durchschnittlich zweimal der Teilprozess „Angebot erstellen" nötig ist. Der Prozesskoeffizient „0,5" des Teilprozesses „Mahnung versenden" bedeutet, dass durchschnittlich bei jedem zweiten Auftrag der Teilprozess „Mahnung versenden" anfällt.

5 Kalkulieren der Verkaufspreise mit Hauptprozesskostensätzen

Nun sollen die Selbstkosten der Angebote aus dem Monat „August“ unter Einsatz der Prozesskostenrechnung für die Kostenstelle „Material“ erneut kalkuliert und den bisherigen Kalkulationen gegenübergestellt werden.

ARBEITSAUFTRÄGE

1. Kalkulieren Sie für die vorliegenden Angebote des Monats „August“ die Selbstkosten unter Einbeziehung der Prozesskostenrechnung für die Kostenstelle „Material“ mithilfe des nachfolgenden Infotextes. Die Verwaltungs- und Vertriebsgemeinkosten sollen zunächst beibehalten werden. Übernehmen Sie die fehlenden Werte aus Ihren eigenen Kalkulationen (⇒ S. 51/59 und ⇒ S. 54/60). Interpretieren Sie die Abweichungen.

Position	Kalk.-Satz	Angebot Nr. 1 Schreibtisch Typ A Kunde Herrmann	Angebot Nr. 6 Schreibtisch Typ A Kunde Didczuneit
Fertigungsmaterial (FM)			
+ Hauptprozess „Materialbeschaffung A“			
= Materialkosten (MK)			
+ Fertigungskosten (FK)			
= Herstellkosten (HK)			
+ Verwaltungsgemeinkosten (VwGK)	8,51 %		
+ Vertriebsgemeinkosten (VtGK)	4,69 %		
= Selbstkosten (SK)			

		Angebot Nr. 2 Schreibtisch Typ B Kunde Haase	Angebot Nr. 7 Schreibtisch Typ B Kunde Gabbert
Fertigungsmaterial (FM)			
+ Hauptprozess „Materialbeschaffung B“			
= Materialkosten (MK)			
+ Fertigungskosten (FK)			
= Herstellkosten (HK)			
+ Verwaltungsgemeinkosten (VwGK)	8,51 %		
+ Vertriebsgemeinkosten (VtGK)	4,69 %		
= Selbstkosten (SK)			

2. Berechnen Sie für nachfolgende Angebote den jeweiligen Allokationseffekt für die Prozesskosten bzw. Gemeinkosten in der Kostenstelle „Material“:

	Prozesskosten (€) Hauptprozess der Materialbeschaffung	Materialgemeinkosten (€) traditionelle Zuschlagskalkulation	Allokationseffekt (€)
Angebot Nr. 1 (Typ A)			
Angebot Nr. 6 (Typ A)			
Angebot Nr. 2 (Typ B)			
Angebot Nr. 7 (Typ B)			

Infotext: Kalkulieren mit Hauptprozesskostensätzen

Sofern ein Produkt bzw. ein Kundenauftrag einen Hauptprozess auslöst, wird der entsprechende Hauptprozesskostensatz in die Preiskalkulation übernommen. Im Idealfall können Hauptprozesskostensätze die bisherigen Gemeinkosten-Zuschlagssätze vollständig ersetzen. Dadurch wird bei der Kalkulation von Verkaufspreisen jedes Produkt bzw. jeder Auftrag mit genau den Kosten belastet, die er auch tatsächlich verursacht. Um den Unterschied zur traditionellen Zuschlagskalkulation deutlich zu machen, sollen beide Grundprinzipien in allgemeiner und vereinfachter Form gegenübergestellt werden:

Traditionelle Zuschlagskalkulation	**Prozesskalkulation**
Fertigungsmaterial	Fertigungsmaterial
+ Materialgemeinkosten	+ *Materialprozesskostensatz*
= Materialkosten	**= Materialkosten**
Fertigungslöhne	Fertigungslöhne
+ Fertigungsgemeinkosten	+ *Fertigungsprozesskostensatz*
+ Maschinengemeinkosten	+ Maschinengemeinkosten
= Fertigungskosten	**= Fertigungskosten**
= Herstellkosten	**= Herstellkosten**
+ Verwaltungsgemeinkosten	+ *Verwaltungsprozesskostensatz*
+ Vertriebsgemeinkosten	+ *Vertriebsprozesskostensatz*
= Selbstkosten	**= Selbstkosten**

Analysiert man die Abweichungen der berechneten Gemeinkosten durch die traditionelle Zuschlagskalkulation einerseits und durch die Prozesskostenrechnung andererseits, so lassen sich drei Effekte beschreiben:

- **Allokationseffekt[1]:** Anders als die traditionelle Zuschlagskalkulation, welche die Gemeinkosten über einen pauschalen prozentualen Zuschlagssatz nur ungenau ermittelt, teilt die Prozesskostenrechnung die Gemeinkosten den Geschäftsprozessen verursachungsgerecht zu. Die Gemeinkosten werden hier entsprechend der tatsächlichen Inanspruchnahme der betrieblichen Ressourcen kalkuliert. Die Differenz bezeichnet man als „Allokationseffekt" *(Berechnung: Prozesskosten abzüglich traditionell ermittelter Gemeinkosten)*.
- **Degressionseffekt:** Da die Gemeinkosten eines Prozesses in der Regel unabhängig von der Stückzahl sind, ermittelt die Prozesskostenrechnung mit steigender Stückzahl sinkende Gemeinkosten pro Stück. Bei der traditionellen Zuschlagskalkulation werden jedoch mit zunehmender Stückzahl proportional zunehmende Gemeinkosten unterstellt – auch dann, wenn sie tatsächlich unabhängig von der Menge sind.
- **Komplexitätseffekt:** Je komplexer die Produkte und die damit verbundenen betrieblichen Prozesse sind, desto höher sind auch die ermittelten Prozesskosten. So können auch Aufträge mit geringen Einzelkosten bzw. Herstellkosten mit einer Vielzahl an Prozessen – und damit mit hohen Gemeinkosten – verbunden sein (etwa dann, wenn viele Bestellungen und Rechungsprüfungen erforderlich sind). Diese Komplexität bleibt bei der traditionellen Zuschlagskalkulation unbemerkt.

Jeder Betrieb kann dazu eine eigene Lösung entwickeln und die Kalkulation entsprechend gestalten. In unserem durchlaufenden Beispiel könnte eine vereinfachte Kalkulation folgendermaßen aussehen:

Angebotskalkulation Nr. 54: Schreibtisch Typ C für Kunde Mustermann/-frau		
Position	**Kalk.-Satz**	**Betrag**
Fertigungsmaterial (FM)		5.000,00
+ *Hauptprozess „Materialbeschaffung C"*	*475,00*	*475,00*
= Materialkosten (MK)		**5.475,00**
+ Fertigungskosten (FK)		**5.025,00**
= Herstellkosten (HK)		**10.500,00**
+ *Hauptprozess „Auftragsbearbeitung"*	*367,70*	*367,70*
+ *Verwaltungs- und Vertriebsgemeinkosten (VwGK, VtGK)*	*630,00*	*630,00*
= Selbstkosten (SK)		**11.497,70**

Angebotskalkulation mit Prozesskostensätzen

1 von allocare (lateinisch): platzieren, zuteilen

Kompaktwissen

Prozesskostenrechnung: Leitfrage und Ziele	
Leitfrage	„Was kosten die erforderlichen Prozesse?"
Ziele	• Erhöhen der Verursachungsgerechtigkeit bei der Zuordnung der Gemeinkosten zu den einzelnen Kostenträgern (Produkt, Produktgruppe, Auftrag) • Erhöhen der Transparenz der durch betriebliche Prozesse anfallenden Kosten
Einsatzgebiete	Die Prozesskostenrechnung wird vorrangig zur Ermittlung der Gemeinkosten **„indirekter Kostenstellen"** angewandt. Das sind solche Kostenstellen, die nicht unmittelbar an der Produktion beteiligt sind (z. B. Material, Vertrieb).

Prozesstypen

Leistungsmengeninduzierte Prozesse (lmi)

Wiederkehrende, standardisierte und gleichartig strukturierte Teilprozesse einer Kostenstelle, deren Kosten leistungsmengenvariabel sind (Gemeinkosten steigen proportional zum Leistungsoutput)

Leistungsmengenneutrale Prozesse (lmn)

Ungleichartige Prozesse einer Kostenstelle, deren Kosten leistungsmengenfix sind (Gemeinkosten steigen **nicht** proportional zum Leistungsoutput)

Effekte der Prozesskostenkalkulation

Allokationseffekt

Die Kalkulation mit Prozesskosten ordnet dem einzelnen Produkt bzw. Auftrag genau die Gemeinkosten zu, die er durch seine Prozesse tatsächlich verursacht. Das Verfahren ist damit genauer als die Zuschlagskalkulation, welche die Gemeinkosten pauschal den Einzelkosten (Fertigungsmaterial, Fertigungslöhne) bzw. Herstellkosten zuschlägt – da es oft keinen Zusammenhang zwischen diesen Größen gibt.

Degressionseffekt

Eine Erhöhung der Stückzahl führt zu einer Abnahme der Stückkosten, wenn fixe Gemeinkosten auf immer mehr Stücke verteilt werden. Das ist immer dann der Fall, wenn bestimmte Prozesse unabhängig von der Auftragsgröße sind. Dieser Sachverhalt wird bei der Prozesskostenrechnung deutlich und bleibt bei der Zuschlagskalkulation unberücksichtigt.

Komplexitätseffekt

Komplexe Produktvarianten verursachen oft höhere Gemeinkosten als einfache Standardvarianten (durch höhere Beschaffungs-, Fertigungs-, Prüfprozesse usw.). Diese werden durch die Prozesskostenrechnung aufgedeckt, jedoch bei der traditionellen Zuschlagskalkulation nicht realistisch erfasst und komplexe Produkte entsprechend zu günstig bzw. wenig komplexe Standardprodukte zu teuer kalkuliert.

Formelkasten	
Umlageschlüssel (lmn)	$\frac{\text{Summe der lmn-Teilprozesskosten der Kostenstelle} \cdot 100}{\text{Summe der lmi-Teilprozesskosten der Kostenstelle}}$
Allokationseffekt **Degressionseffekt** **Komplexitätseffekt**	Prozesskosten – traditionell ermittelte Gemeinkosten

Vertiefungsaufgaben

1. Geben Sie für nachfolgende Teilprozesse an, um welchen Prozesstyp (lmi/lmn) es sich handelt und welche Kostentreiber diesen Teilprozessen zugrunde liegen:

> Bestellungen bearbeiten, Jahresabschluss erstellen, Angebote bearbeiten, Filiale leiten, Bewerbungsunterlagen prüfen, CEBIT-Messe besuchen, Mahnungen verfassen und versenden, Kommissionieren von Kundenaufträgen, Betriebsfest vorbereiten, Gehaltsabrechnungen erstellen, Prüfen von Eingangsrechnungen, Abteilungsziele abstimmen, Zahlungseingänge überprüfen, Wareneingang kontrollieren

2. Die Pollack GmbH aus Düsseldorf rechnet mit Prozesskosten. Für die Kostenstelle „Einkauf" liegen für das abgelaufene Geschäftsjahr folgende Informationen vor: Summe Gemeinkosten: 225.000,00 €, Zeitbedarf für Leitungsaufgaben: 1.600 Stunden, Angebote einholen (Häufigkeit: 16.000, Dauer: jeweils 15 Minuten), Rahmenverträge aushandeln (Häufigkeit: 600, Dauer: jeweils 3 Stunden), Ware bestellen (Häufigkeit: 12.000, Dauer: jeweils 18 Minuten), Reklamationen bearbeiten (Häufigkeit: 1.500, Dauer: jeweils 1 Stunde).

   a) Berechnen Sie die Kosten der einzelnen Teilprozesse für das abgelaufene Geschäftsjahr.
   b) Berechnen Sie die zugehörigen Teilprozesskostensätze und erläutern Sie deren Bedeutung.

3. Die TAMA AG aus Köln plant, die Vertriebsgemeinkosten zukünftig mit der Prozesskostenrechnung zu ermitteln. Für die Kostenstelle „Vertrieb" liegen für das abgelaufene Geschäftsjahr folgende Werte vor:

Gemeinkosten Vorjahr: 140.000,00 €			
	Teilprozess-menge	**Teilprozess-dauer (Std.)**	**Prozesskoeffizient für Hauptprozesskostensatz „Auftragsbearbeitung"**
Kunde beraten	4.500	0,80	5
Angebot erstellen	2.700	0,40	3
Auftrag annehmen	900	0,50	1
Auftragsbestätigung erstellen	900	0,20	1
Ausgangsrechnung erstellen	900	0,20	1
Leitung der Kostenstelle	–	1.710	–

   a) Berechnen Sie die Kosten der einzelnen Teilprozesse für das abgelaufene Geschäftsjahr.
   b) Berechnen Sie die zugehörigen Teilprozesskostensätze.
   c) Ermitteln Sie anschließend die Prozesskosten für den Hauptprozesskostensatz „Auftragsbearbeitung".

   An diesem Hauptprozess ist neben der Kostenstelle „Vertrieb" nur noch die Kostenstelle „Verwaltung" mit folgenden Teilprozessen beteiligt:

	Teilprozesskostensatz (€)	**Prozesskoeffizient**
Ausgangsrechnung buchen	13,00	1
Zahlungseingang überwachen	8,00	3
Mahnung versenden	55,00	0,8
Zahlungseingang buchen	24,00	1,5

   d) Kalkulieren Sie das Angebot für den Kunden Winkler. Die Vertriebsgemeinkosten werden durch den Hauptprozesskostensatz „Auftragsbearbeitung" abgedeckt. Folgende Angaben liegen Ihnen vor: Kosten für Fertigungsmaterial: 1.900,00 €; Fertigungslöhne: 2.100,00 €; MGK-Zuschlagssatz: 9,5 %; FGK-Zuschlagssatz: 34 %; VwGK-Zuschlagssatz: 6 %
   e) In der Vergangenheit wurde ein Vertriebsgemeinkosten-Zuschlagssatz in Höhe von 5 % angesetzt. Ermitteln Sie den Allokationseffekt für die Kostenstelle „Vertrieb".

G Plankostenrechnung

Praxisfall „Crome KG“

1 Diskutieren der Grenzen der Vollkostenrechnung – Teil III

Die Crome KG hat die Unternehmensberatung „Lanowicz & Partner“ GmbH beauftragt, Schwachstellen im Unternehmen aufzudecken und Maßnahmen zur Verbesserung vorzuschlagen. Zu diesem Zweck führt Frau Braun (Mitarbeiterin bei Lanowicz & Partner GmbH) seit Tagen Gespräche mit mehreren Mitarbeiterinnen und Mitarbeitern unterschiedlicher Abteilungen der Crome KG. Heute ist sie mit Herrn Konrad und Herrn Bartoldi aus dem Rechnungswesen verabredet.

Braun: Glückwunsch, meine Herren, Sie machen Ihren Job sehr gut! Ihre Kostenrechnung ist nicht nur sehr differenziert, sondern auch modern ...

Konrad: Danke, Frau Braun, das hören wir natürlich gern.

Braun: ... bis auf einen Schönheitsfehler.

Konrad: Und der wäre?

Braun: Sie leben in der Vergangenheit.

Konrad: Wie meinen Sie das?

Braun: Sie kalkulieren ausschließlich mit Werten abgelaufener Perioden. Sie sollten aber auch mal einen Blick in die Zukunft werfen.

Konrad: Das tun wir doch! Vielleicht haben Sie unsere Vorkalkulationen übersehen? Wir kalkulieren doch ständig Verkaufspreise für Aufträge in der Zukunft!

Braun: Das weiß ich, lieber Herr Konrad. Aber dabei legen Sie Normalkosten zugrunde – also Durchschnittswerte vorheriger Perioden – und das sind eben Vergangenheitswerte.

Bartoldi: *(zu Konrad gewandt)* Da hat Sie recht ...

Braun: So verschenken Sie eine Menge Geld – und das gleich zweimal.

Bartoldi: Zweimal? Wieso zweimal?

Braun: Ich frage Sie: Wie wollen Sie im nächsten Jahr angemessene Verkaufspreise kalkulieren, wenn Sie mit Kosten aus der Vergangenheit rechnen? In der Zwischenzeit sind doch die meisten Kosten gestiegen – das geht dann alles von Ihrem Gewinn ab.

Bartoldi: Das stimmt, das ist wirklich ein Problem. Und Sie sehen noch eins?

Braun: Allerdings: Wie wollen Sie eigentlich überprüfen, ob Ihre Kostenstellen wirtschaftlich arbeiten?

Konrad: Da unterschätzen Sie uns aber, Frau Braun! Wir überprüfen sehr wohl die Entwicklung der Kosten unserer Kostenstellen – und zwar ganz genau!

Braun: Ja, aber dabei vergleichen Sie Vergangenheitswerte mit Vergangenheitswerten. Unser Professor hat dazu immer gesagt: „Sie vergleichen Schlendrian mit Schlendrian.“ Ihnen fehlt doch eine Orientierungsgröße – also ein Maßstab dafür, was wirtschaftlich ist.

Bartoldi: Das habe ich, ehrlich gesagt, so noch nie gesehen. Was heißt das für uns?

Braun: Was Sie brauchen, meine Herren, ist eine Plankostenrechnung.

Konrad: Eine Plankostenrechnung? Das müssen Sie uns genauer erklären.

Braun: Aber gern! Der Grundgedanke der Plankostenrechnung besteht darin, die Kosten einer zukünftigen Periode auf Grundlage des geplanten Absatz- und Produktionsprogramms zu planen. Dann können Sie zum einen ihre Verkaufspreise wirklich zukunftsorientiert kalkulieren und zum anderen später Ihre Istkosten diesen Plankosten gegenüberstellen und sehen, ob Ihre Kostenstellen wirklich wirtschaftlich arbeiten.

Konrad: Moment mal: Diese Gegenüberstellung können wir doch erst nach Ablauf der Planperiode machen – ich dachte, wir sprechen hier nur von einer „Plan"-Kostenrechnung?

Braun: Ja, der Begriff ist in der Tat etwas irreführend. Streng genommen besteht die Plankostenrechnung aus zwei Teilen: einer Planung *vor* Beginn der Planperiode und einer Kontrolle *nach* Ablauf der Planperiode. Die Kontrolle gehört also auch dazu.

Bartoldi: Das alles klingt durchaus plausibel, wir sollten das wirklich machen ...

Konrad: Ich kann ja mal die Zahlen holen, die wir dazu brauchen.

Braun: Nicht nötig, Herr Konrad, ich habe Ihnen schon ein paar Zahlen mitgebracht, mit denen Sie das mal exemplarisch durchspielen können *(teilt eine Kopie aus, siehe Folgeseite)*.

Bartoldi: Sie sind Ihr Geld wirklich wert, Frau Braun! Wie sollen wir Ihrer Meinung nach vorgehen?

Braun: Legen Sie zunächst eine Planperiode fest. Ich schlage das nächste Geschäftsjahr vor, das ist dann also ihr „Planjahr". Planen Sie zuerst Ihre Einzelkosten auf Grundlage Ihres Absatz- bzw. Produktionsprogramms. Planen Sie dann Kostenstelle für Kostenstelle die Gemeinkosten und – zu Zwecken der Kostenkontrolle – auch noch einmal die dort anfallenden Einzelkosten. Auf dieser Basis entwickeln Sie anschließend Ihre Verkaufspreise für das Planjahr. Und wenn dieses dann vorbei ist, kontrollieren Sie die Wirtschaftlichkeit Ihrer Kostenstellen, indem Sie alle Plan-Ist-Abweichungen ermitteln und deren Ursachen analysieren.

Bartoldi: Gut. So werden wir es machen. Ganz vielen Dank, Frau Braun!

Braun: Gern geschehen, meine Herren, und viel Erfolg!

ARBEITSAUFTRÄGE

1. Warum hält Frau Braun eine Kostenrechnung ohne Plankostenrechnung für unzureichend?

___

___

2. Welche beiden Ziele verfolgt die Plankostenrechnung?

___

___

3. Wie soll die Crome KG nach Festlegen der Planperiode konkret vorgehen?

___

___

___

___

Angaben aus den Abteilungen (Planjahr)

Abteilung Vertrieb

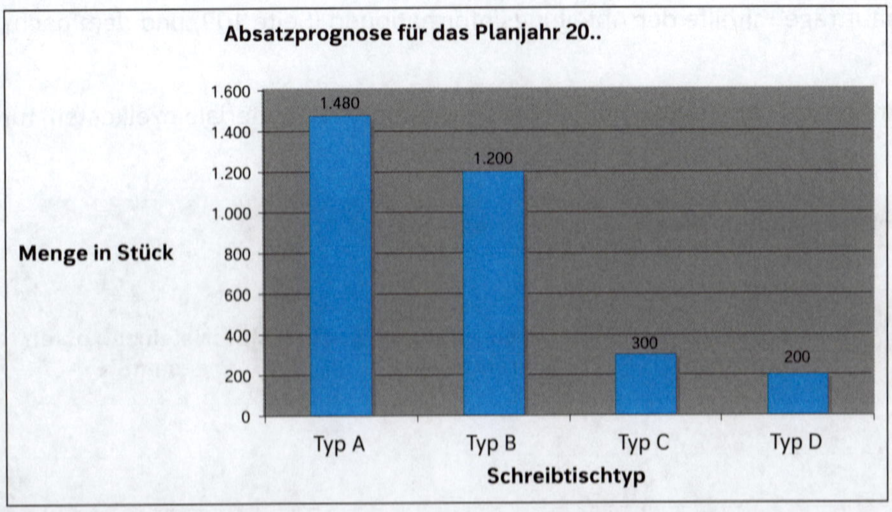

Abteilung Fertigungsplanung

Materialverbrauch Schreibtisch Typ A (Planjahr)	Verbrauchsangaben Kostenstelle FHS I (Planjahr)
▪ 0,3 Kubikmeter Eichenholz ▪ 8 Beschläge ▪ 4 Alu-Schienen ▪ 6 Griffe für Schubladenelemente	▪ Hilfsstoffe: 0,05 kg je Fertigungsstunde ▪ Betriebsstoffe: 1 Liter je 100 Fertigungsstunden zuzüglich 2.000 Liter pro Jahr ▪ Fremdinstandhaltung: 1 Reparaturstunde je 500 Fertigungsstunden und Jahresinspektion (24 Std.)

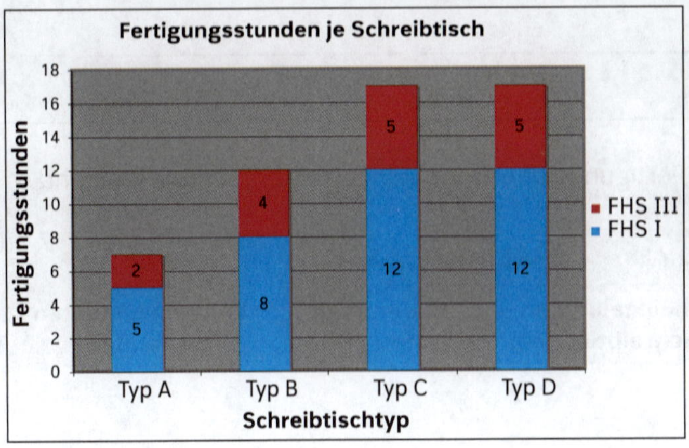

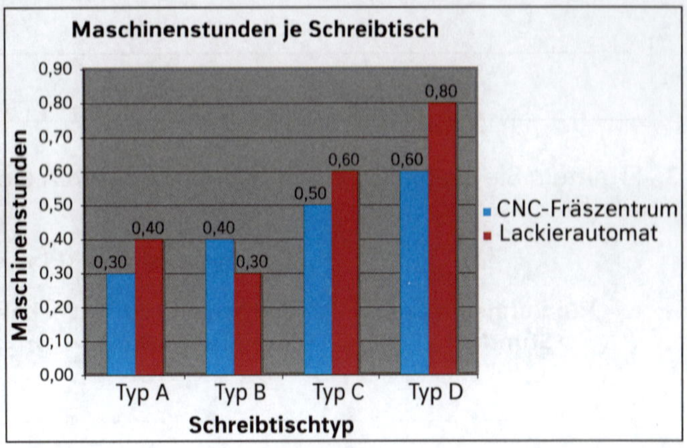

Abteilung Einkauf

Einkaufspreise für Rohstoffe/Fertigteile (Planjahr)	Sonstige Preisangaben (Planjahr)
▪ Eiche: 360,00 €/Kubikmeter ▪ Beschlag: 4,90 €/Stück ▪ Alu-Schiene: 7,95 €/Stück ▪ Schubladengriff: 9,50 €/Stück	▪ Hilfsstoffe: 17,90 €/Kilogramm ▪ Betriebsstoffe: 9,50 €/Liter ▪ Fremdinstandhaltung: 50,00 €/Std.

Abteilung Personal

- Fertigungslohn: 16,80 €/Stunde
- Geplante Neueinstellung eines Meisters in der FHS I, Monatsgehalt: 4.000,00 €

2 Planen der Einzelkosten des Betriebes

ARBEITSAUFTRÄGE

Bearbeiten Sie nachfolgende Arbeitsaufträge mithilfe der Abteilungsinformationen (Seite 109) und dem nachfolgenden Infotext.

1. Ermitteln Sie exemplarisch für Schreibtisch Typ A die Kosten für Fertigungsmaterial (Materialeinzelkosten) für das Planjahr.

Materialeinzelkosten (Planjahr 20..): Schreibtisch Typ A					
Planmenge:					
Position	**Einheit**	**Planpreis je Einheit (€)**	**Verbrauch pro Schreibtisch**	**Materialeinzelkosten pro Schreibtisch (€)**	**Materialeinzelkosten gesamt (€)**
Summen					

2. Erläutern Sie die Ergebnisse aus Aufgabe 1 in kurzen Worten.

3. Ermitteln Sie exemplarisch für Schreibtisch Typ A die Fertigungslöhne (Lohneinzelkosten) für das Planjahr.

Fertigungslöhne (Planjahr 20..): Schreibtisch Typ A				
Planlohnsatz pro Stunde (€)	**Zeitbedarf pro Schreibtisch (Std.)**	**Lohneinzelkosten pro Schreibtisch (€)**	**Planmenge (Stück)**	**Lohneinzelkosten gesamt (€)**

4. Erläutern Sie die Ergebnisse aus Aufgabe 3 in kurzen Worten.

Infotext: Planen der Einzelkosten

Das Prinzip

Zur Erinnerung: Einzelkosten sind die Kosten, die dem Kostenträger (Produkt, Produktgruppe, Auftrag) direkt zugeordnet werden können – also vor allem Kosten für Fertigungsmaterial (insbesondere Rohstoffe und Fremdbauteile), Fertigungslöhne und Sondereinzelkosten der Fertigung bzw. des Vertriebs. Einzelkosten können deshalb direkt auf Grundlage des geplanten Absatz- und Produktionsprogramms ermittelt werden.

Planen der Materialeinzelkosten

- **Schritt 1:** Zunächst ist die Planperiode (Monat, Quartal, Jahr usw.) zu bestimmen.
- **Schritt 2:** Der Preis für das Fertigungsmaterial in der Planperiode („Planpreis") kann vom Einkauf in Erfahrung gebracht oder geschätzt werden.
- **Schritt 3:** Die Verbrauchsmenge an Fertigungsmaterial pro Stück wird – abhängig von der Branche – aus Stücklisten, Rezepturen, Konstruktionszeichnungen oder anderen Dokumenten abgeleitet. Dabei sind Ausschuss, Verschnitt und andere Arten von Verlust mit einzuplanen.
- **Schritt 4:** Die Planmenge fertiger Produkte ergibt sich aus dem Absatz- bzw. Produktionsprogramm.

Plan-Materialeinzelkosten = Planpreis je Einheit · Verbrauch pro Stück · Planmenge

Beispiel

Position	Einheit	Planpreis je Einheit (€)	Verbrauch pro Stück	Materialeinzelkosten pro Stück (€)	Planmenge (Stück)	Materialeinzelkosten gesamt (€)
Granulat	kg	500,00	10	5.000,00	20	100.000,00
Additiv	l	65,00	2	130	20	2.600,00

Hilfs- und Betriebsstoffe fallen nicht unter die Materialeinzelkosten, sie gelten als Gemeinkosten und werden in den einzelnen Kostenstellen ermittelt.

Planen der Lohneinzelkosten

Die Planung der Lohneinzelkosten erfolgt analog zur Planung der Materialeinzelkosten. Der Zeitbedarf der Bearbeitung je Stück kann durch Fachleute oder durch REFA[1]-Mitarbeiter geschätzt werden.

Plan-Lohneinzelkosten = Planlohnsatz pro Stunde · Zeitbedarf je Stück · Planmenge

Hilfslöhne, Gehälter und Sozialkosten fallen nicht unter die Lohneinzelkosten, sondern sie sind Gemeinkosten, die in den einzelnen Kostenstellen ermittelt werden.

Planen der Sondereinzelkosten

Sondereinzelkosten können, ebenso wie Material- und Lohneinzelkosten, dem Kostenträger direkt zugerechnet werden. Man unterscheidet Sondereinzelkosten der Fertigung (Kosten für Spezialwerkzeuge, Lizenzen usw.) und Sondereinzelkosten des Vertriebs (Kosten für spezielle Schutzverpackungen, Frachten usw.).

1 REFA stand ursprünglich für den 1924 gegründeten „Reichsausschuß für Arbeitszeitermittlung“, heute: Verband für Arbeitszeitgestaltung, Betriebsorganisation und Unternehmensentwicklung

3 Planen der Einzel- und Gemeinkosten in den Kostenstellen

ARBEITSAUFTRÄGE

Bearbeiten Sie die Aufgaben mithilfe der Abteilungsinformationen auf Seite 109 und des nachfolgenden Infotextes.

1. Ermitteln Sie exemplarisch für die Fertigungshauptkostenstelle I (FHS I) die Planbeschäftigung für das Planjahr. Als Bezugsgröße wurden für diese Kostenstelle Fertigungsstunden bestimmt.

Planbeschäftigung: FHS I (Planjahr 20..)			
Schreibtischtyp	**Fertigungsstunden je Schreibtisch**	**Planmenge (Stück)**	**Gesamtfertigungs-stunden**
		Planbeschäftigung:	

2. Ermitteln Sie exemplarisch für die Fertigungshauptkostenstelle (FHS I) für das Planjahr die Plankosten, den Verrechnungssatz, den variablen Verrechnungssatz sowie den Variator (auf eine Nachkommastelle runden). Im Planjahr wird in der FHS I ein Meister beschäftigt (Monatsgehalt: 4.000,00 €). Die kalkulatorischen Kosten und die Leasingraten im Planjahr werden sich gegenüber dem Vorjahr (BAB I auf Seite 31) nicht ändern. Die monatlichen Plankosten für Büromaterial belaufen sich auf 26,00 €.

Plankosten der Fertigungshauptkostenstelle I (FHS I) im Planjahr 20..							
Leitung: Herr Walter				**Werktage: 200**			
Planbeschäftigung:				**Plankosten (€)**			**Varia-tor**
Kostenart	**Einheit**	**Planpreis pro Einheit**	**Plan-menge**	**Gesamt**	**Variabel**	**Fix**	
Fertigungslöhne							
Hilfsstoffe							
Betriebsstoffe							
Gehälter							
Kalk. Abschreibungen							
Kalk. Zinsen							
Kalk. U-Lohn							
Leasing							
Fremdinstandhaltung							
Büromaterial							
Summe (€)							
Verrechnungssatz (€)							
Variabler Verrechnungssatz (€)							

Infotext: Planen der Kosten in den Kostenstellen

Ermitteln der Kosten je Kostenstelle

Anders als die Einzelkosten können die Gemeinkosten nicht direkt aus dem Absatz- und Produktionsprogramm abgeleitet werden, sie werden stattdessen in den Kostenstellen geplant. Die Einzelkosten wurden zwar bereits ermittelt, aber für die spätere Kostenkontrolle können sie auch noch einmal in den einzelnen Kostenstellen geplant werden – das gilt vor allem für die Lohneinzelkosten (Fertigungslöhne). Jede Kostenstelle plant ihre Kosten in folgenden Schritten:

- **Schritt 1:** Zunächst wird die Planperiode (Monat, Quartal, Jahr usw.) festgelegt.
- **Schritt 2:** Einmalig wird für die Kostenstelle eine geeignete Bezugsgröße bestimmt, mit der die Planbeschäftigung der Kostenstelle gemessen werden kann. Die Bezugsgröße muss sich proportional zu den Kosten der Kostenstelle entwickeln (Fertigungsstunden, Maschinenstunden, Stück usw.).
- **Schritt 3:** Aus der geplanten Absatz- bzw. Produktionsmenge wird für die Kostenstelle die Planbeschäftigung für die Planperiode abgeleitet (z. B. 3.000 Maschinenstunden).
- **Schritt 4:** Auf Grundlage der Planbeschäftigung der Kostenstelle wird die Planmenge der variablen Kostenarten hochgerechnet und die fixen Kosten (unabhängig von der Planbeschäftigung) hinzuaddiert.
- **Schritt 5:** Schließlich werden die Planpreise mit den Planmengen multipliziert und alle Kosten aufaddiert.

Ermitteln des Verrechnungssatzes

In jeder Kostenstelle wird anschließend ein sogenannter „Plankostenverrechnungssatz“ (kurz: „Verrechnungssatz“) ermittelt, der die Kosten der Kostenstelle pro Beschäftigungseinheit ausdrückt. Mit diesem **Verrechnungssatz** lassen sich nicht nur die Verkaufspreise planen („Plankalkulation“) sondern auch die Wirtschaftlichkeit der Kostenstellen kontrollieren („Wirtschaftlichkeitskontrolle“). Er wird folgendermaßen ermittelt:

$$\text{Verrechnungssatz} = \frac{\text{Plankosten}}{\text{Planbeschäftigung}}$$

Beispiel: In der Kostenstelle „Fräserei“ verursachen 10.000 geplante Fertigungsstunden Plankosten in Höhe von 500.000,00 €. Der Verrechnungssatz beträgt also 50,00 €. Mit anderen Worten: Je Fertigungsstunde verursacht die Kostenstelle „Fräserei“ Kosten in Höhe von 50,00 €.

Für eine genauere Berechnung der Plankosten bei unterschiedlichen Beschäftigungsgraden wird der **variable Verrechnungssatz** ermittelt. Dazu werden die Plankosten der betrachteten Kostenstelle in variable und fixe Plankosten zerlegt und anschließend nur die variablen Plankosten durch die Planbeschäftigung geteilt.

$$\text{variabler Verrechnungssatz} = \frac{\text{variable Plankosten}}{\text{Planbeschäftigung}}$$

Beispiel: In der Kostenstelle „Fräserei“ verursachen 10.000 geplante Fertigungsstunden variable Plankosten in Höhe von 300.000,00 €, daneben fallen fixe Plankosten in Höhe von 200.000,00 € an. Der variable Verrechnungssatz je Fertigungsstunde beträgt also 30,00 €.

Variator

Die Kennziffer „Variator“ drückt das Verhältnis von variablen zu gesamten Plankosten aus und zeigt, in welchem Maße sich die Kosten einer Kostenstelle ändern, wenn sich deren Planbeschäftigung ändert.

$$\text{Variator} = \frac{\text{variable Plankosten einer Kostenart bei Planbeschäftigung}}{\text{gesamte Plankosten einer Kostenart bei Planbeschäftigung}}$$

Beispiel: Steigt die Planbeschäftigung einer Kostenstelle um 1.000 Einheiten, so erhöhen sich bei einer Kostenart mit einem Variator von 0,6 deren Kosten um 60 %, also um 600,00 €.

4 Planen der Verkaufspreise

Exemplarisch sollen für Schreibtisch Typ A die Selbstkosten und der Verkaufspreis geplant werden. Die Kostenstellenleiter haben dazu ihre Zuschlags- und Verrechnungssätze in das Kalkulationsschema (unten) eingetragen.

ARBEITSAUFTRÄGE

1. Vervollständigen Sie die Plankalkulation für einen Tisch vom Typ A und erläutern Sie Ihr Ergebnis. Greifen Sie dazu auf den nachfolgenden Infotext, Ihre Planungsergebnisse und die Abteilungsinformationen (Seite 109) zurück.

Plankalkulation: Schreibtisch Typ A (pro Stück)				
	Plankalkulationssatz	**Position**	**Std.**	**Betrag (€)**
		Fertigungsmaterial (FM)		
+	12 %	Materialgemeinkosten (MGK)		
=		**Materialkosten (MK)**		
		Fertigungskosten (FHS I)		
+	143,64 €	Maschinenkosten (CNC-Fräszentrum) in FHS II		
+	82,44 €	Maschinenkosten (Lackierautomat) in FHS III		
	18,48 €	Restfertigungskosten in FHS III		
		Fertigungskosten (FK)		
		Herstellkosten (HK)		
	8,94 %	Verwaltungsgemeinkosten (VwGK)		
	4,92 %	Vertriebsgemeinkosten (VtGK)		
		Selbstkosten (SK)		
	12 %	Gewinn		
		Barverkaufspreis		

2. Erläutern grundsätzliche Unterschiede der Plankalkulation gegenüber der traditionellen Zuschlagskalkulation (Seite 51 ff.).

Infotext: Plankalkulation

Das Prinzip

Mithilfe der ermittelten Planeinzelkosten und Verrechnungssätze der Kostenstellen können nun die Selbstkosten der einzelnen Kostenträger (Produkt, Produktgruppe, Auftrag) geplant werden. Anders als die traditionelle Kalkulation, welche nur auf Vergangenheitswerte zurückgreift, stellt die Plankalkulation eine an Zukunftswerten orientierte Vorgabe (Richtwert) für die Preiskalkulation in der Planperiode dar.

Bei Anwendung der Plankostenrechnung in ihrer strengsten Form wird nur noch auf die Verrechnungssätze der einzelnen Kostenstellen zurückgegriffe. Diese werden dann mit dem Beschäftigungsanteil multipliziert, welcher für den Kostenträger jeweils in Anspruch genommen wird. In der industriellen Praxis wird dieses Prinzip aber häufig nur für die Fertigungskostenstellen und die Maschinenplätze angewandt, andere Kostenstellen arbeiten dort wie gehabt mit Zuschlagssätzen.

Plankalkulation zu Vollkosten

Wie auch in der traditionellen Kostenrechnung werden bei der Plankostenrechnung zu Vollkosten sämtliche Kosten – also auch die Gemeinkosten – berücksichtigt. In diesem Falle wird der Verrechnungssatz (Seite 106 f.) mit der anteiligen Beschäftigung multipliziert.

Beispiel: Für einen Auftrag wurde die Kostenstelle „Fräserei“ (Verrechnungssatz 50,00 €) 2 Stunden in Anspruch genommen. Entsprechend werden für Fräsarbeiten 100,00 € Kosten kalkuliert.

Plankalkulation: Spezialgewinde				
	Plankalkulationssatz	Position	Std.	Betrag (€)
		Fertigungsmaterial (FM)		1.000,00
+	10 %	Materialgemeinkosten (MGK)		100,00
=		**Materialkosten (MK)**		1.100,00
	50,00 €	Fräserei	2,0	100,00
	60,00 €	Dreherei	3,0	180,00
+	100,00 €	Montage	2,5	250,00
=		**Fertigungskosten (FK)**		530,00
=		**Herstellkosten (HK)**		1.630,00
+	7,0 %	Verwaltungsgemeinkosten (VwGK)		114,10
+	5,0 %	Vertriebsgemeinkosten (VtGK)		81,50
=		**Selbstkosten (SK)**		1.825,60
+	10 %	Gewinn		182,56
		Barverkaufspreis		2.008,16

Plankalkulation zu Teilkosten (Grenzplankostenrechnung)

Ebenso wie in der Teilkostenrechnung (Kapitel E) kann es auch bei der Plankostenrechnung je nach Fragestellung sinnvoll sein, nur die Teilkosten und nicht immer die Vollkosten zu planen. In diesen Fällen wird nur auf den „variablen Verrechnungssatz“ zurückgegriffen. Anstelle von Teilkostenrechnung oder Deckungsbeitragsrechnung spricht man in diesem Zusammenhang von „Grenzplankostenrechnung“.

Beispiel: Für einen Auftrag wurde die Kostenstelle „Fräserei“ (variabler Verrechnungssatz 30,00 €) 2 Stunden in Anspruch genommen. Entsprechend werden für Fräsarbeiten 60,00 € Kosten kalkuliert.

5 Kontrollieren der Wirtschaftlichkeit

Nach Ablauf des Planjahres soll jede Kostenstelle der Crome KG daraufhin überprüft werden, ob sie wirtschaftlich gearbeitet hat. Für die Fertigungshauptkostenstelle I (FHS I) liegen dazu folgende Istwerte vor: Istbeschäftigung: 20.000 Fertigungsstunden, Istkosten: 500.000,00 €.

ARBEITSAUFTRÄGE

Bearbeiten Sie die Arbeitsaufträge mithilfe des nachfolgenden Infotextes.

1. Anwendung der „starren Plankostenrechnung“

a) Ermitteln Sie die verrechneten Plankosten.

b) Ermitteln Sie die Gesamtabweichung.

c) Erläutern Sie Ihre Ergebnisse.

2. Anwendung der „flexiblen Plankostenrechnung“

a) Ermitteln Sie die Sollkosten.

b) Ermitteln Sie die Verbrauchsabweichung.

c) Ermitteln Sie die Beschäftigungsabweichung.

d) Probe: Ergeben Verbrauchs- und Beschäftigungsabweichung zusammen die Gesamtabweichung?

e) Erläutern Sie Ihre Ergebnisse.

3. Herr Crome wirft Herrn Walter, Leiter der Fertigungshauptkostenstelle I (FHS I), vor, er habe nicht wirtschaftlich gearbeitet. Hat er recht?

4. Tragen Sie Ihre Ergebnisse im Kosten-Beschäftigungsdiagramm ein und erläutern Sie den Unterschied zwischen der starren und der flexiblen Plankostenrechnung.

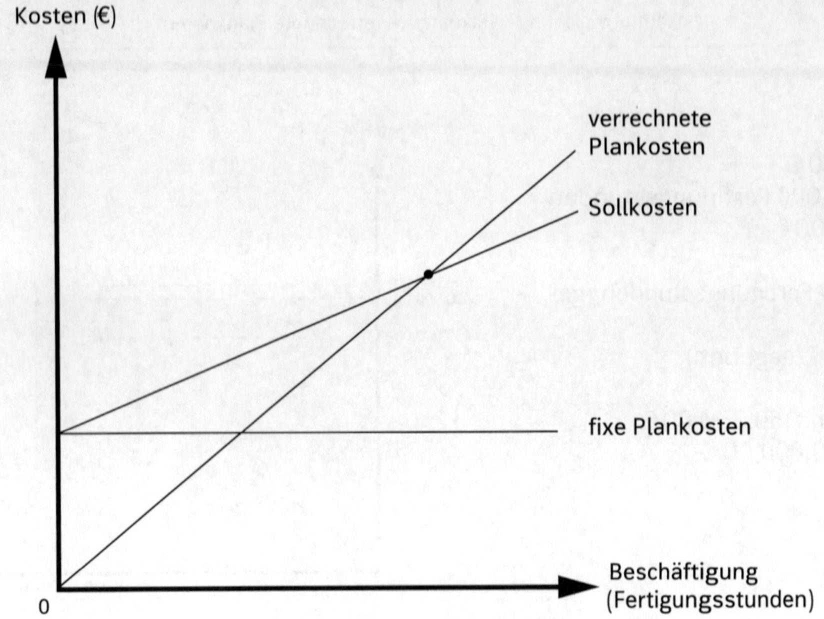

Kosten-Beschäftigungsdiagramm

Antwort:

Infotext: Kontrollieren der Wirtschaftlichkeit

Das Prinzip

Nach Ablauf der Planperiode werden die Abweichungen zwischen den ursprünglich berechneten Plankosten – unter Berücksichtigung der Istbeschäftigung – und den tatsächlich angefallenen Istkosten ermittelt und analysiert. Diese Abweichungsanalyse wird in aller Regel Kostenstelle für Kostenstelle vorgenommen, sie kann aber auch für Betriebsbereiche oder den ganzen Betrieb erstellt werden. Man unterscheidet dabei die starre und die flexible Plankostenrechnung.

Abweichungsanalyse mit starrer Plankostenrechnung

Für die „starre Plankostenrechnung" wurde vor der Planperiode für jede Kostenstelle auf Grundlage einer angenommenen Planbeschäftigung ein **Verrechnungssatz** ermittelt (siehe Seite 112 f.), welcher die Plankosten je Beschäftigungseinheit ausdrückt.

Dieser Verrechnungssatz wird nach Ablauf der Planperiode mit der Istbeschäftigung (=tatsächlich angefallene Beschäftigung des abgelaufenen Planjahres) multipliziert, um die sogenannten **„verrechneten Plankosten"** zu ermitteln. Das sind die Kosten, die laut starrer Plankostenrechnung in der Kostenstelle hätten anfallen müssen:

verrechnete Plankosten = Verrechnungssatz · Istbeschäftigung

Die Funktion der verrechneten Plankosten beginnt im Nullpunkt, ihre Steigung entspricht dem Verrechnungssatz (siehe Grafik). Die Differenz zwischen tatsächlich angefallenen Istkosten und verrechneten Plankosten bezeichnet man als **„Gesamtabweichung"**:

Gesamtabweichung = Istkosten – verrechnete Plankosten

Beispiel:

Plankosten: 500.000,00 €
Planbeschäftigung: 10.000 Fertigungsstunden
Verrechnungssatz: 50,00 €

Istbeschäftigung: 9.000 Fertigungsstunden (gegeben)
Istkosten: 480.000,00 € (gegeben)

verrechnete Plankosten: 450.000,00 €
Gesamtabweichung: 30.000,00 €

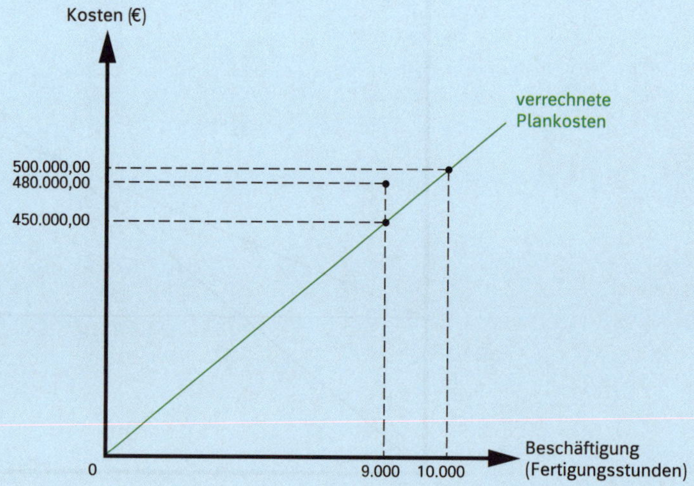

Grenzen der starren Plankostenrechnung

Die starre Plankostenrechnung ist zwar einfach durchzuführen, aber nur begrenzt aussagefähig, da sie nicht zwischen fixen und variablen Kosten unterscheidet. Sie unterstellt damit einen proportionalen Zusammenhang zwischen Beschäftigung und Gemeinkosten – tatsächlich aber entwickeln sich ja nur die variablen Kosten proportional zur Beschäftigung. Daher ist die starre Plankostenrechnung sehr ungenau und erlaubt keine Aussage darüber, ob die Gesamtabweichung auf unverschuldete Beschäftigungsabweichungen oder verschuldete Unwirtschaftlichkeiten zurückzuführen ist. Das aber leistet die flexible Plankostenrechnung, die im Folgenden vorgestellt wird.

Abweichungsanalyse mit flexibler Plankostenrechnung

In der flexiblen Plankostenrechnung werden die Plankosten der betrachteten Kostenstelle in fixe und variable Plankosten zerlegt. Dadurch können die Gemeinkosten der Kostenstelle genauer geplant und Abweichungen besser analysiert werden.

Für die „flexible Plankostenrechnung“ wurde vor der Planperiode für jede Kostenstelle auf Grundlage einer angenommenen Planbeschäftigung ein **variabler Verrechnungssatz** ermittelt (siehe Seite 112 f.), welcher die variablen Plankosten je Beschäftigungseinheit ausdrückt. Dieser variable Verrechnungssatz wird nach Ablauf der Planperiode mit der Istbeschäftigung (=tatsächlich angefallene Beschäftigung des abgelaufenen Planjahres) multipliziert und dann werden die fixen Plankosten hinzuaddiert, um die sogenannten **„Sollkosten“** zu ermitteln. Das sind die Kosten, die laut flexibler Plankostenrechnung in der Kostenstelle hätten anfallen müssen:

Sollkosten = fixe Plankosten + variabler Verrechnungssatz · Istbeschäftigung

Die Funktion der Sollkosten beginnt auf Höhe der Fixkosten, ihre Steigung entspricht dem variablen Verrechnungssatz (siehe Grafik). Die Differenz zwischen angefallenen Istkosten und Sollkosten bezeichnet man als **Verbrauchsabweichung**:

Verbrauchsabweichung = Istkosten – Sollkosten

Verbrauchsabweichungen bringen zum Ausdruck, dass tatsächliche Preise oder Einsatzmengen der Produktionsfaktoren von der Planung abweichen. Sie können Unwirtschaftlichkeiten (überhöhte Einkaufspreise, unnötiger Verschnitt usw.) aufdecken und sind von der Kostenstellenleitung zu verantworten.

Die Differenz zwischen den Sollkosten und den verrechneten Plankosten wird als **Beschäftigungsabweichung** bezeichnet:

Beschäftigungsabweichung = Sollkosten – verrechnete Plankosten

Beschäftigungsabweichungen ergeben sich durch eine unerwartete Über- oder Unterauslastung der betrachteten Kostenstelle (Rückgang der Auftragslage, Engpässe in vorgelagerten Betriebsbereichen usw.) und sind daher nicht von der Kostenstellenleitung zu vertreten.

Beispiel

Plankosten: 500.000,00 €
variable Plankosten: 300.000,00 €
fixe Plankosten: 200.000,00 €
Planbeschäftigung:
10.000 Fertigungsstunden
Verrechnungssatz: 50,00 €
variabler Verrechnungssatz: 30,00 €

Istbeschäftigung:
9.000 Fertigungsstunden (gegeben)
Istkosten: 480.000,00 € (gegeben)

verrechnete Plankosten: 450.000,00 €
Sollkosten: 470.000,00 €

Gesamtabweichung: 30.000,00 €
Verbrauchsabweichung: 10.000,00 €
Beschäftigungsabweichung: 20.000,00 €

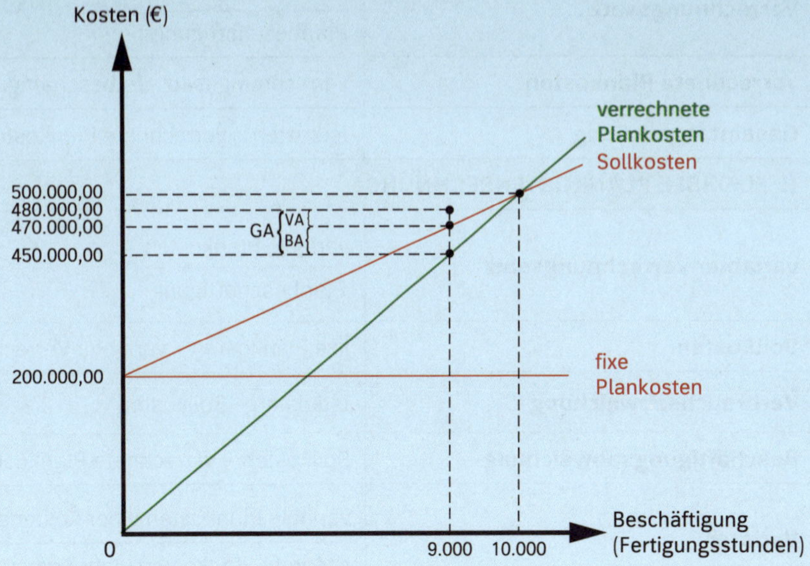

Kompaktwissen

Plankostenrechnung: Leitfrage und Ziele	
Leitfrage	• „Wie hoch werden unsere zukünftigen Kosten sein?“
Ziele	• Planen der Kosten und Verkaufspreise der Planperiode • Kontrollieren der Wirtschaftlichkeit der Kostenstellen

Teilgebiete der Plankostenrechnung

- **Planung vor der Planperiode**
  Planen der Einzel- und Gemeinkosten sowie der Verkaufspreise
- **Erfolgskontrolle nach Ablauf der Planperiode**
  Analysieren der Abweichungen zwischen Plan-, Soll- und Istkosten

Plankostenrechnung

- **Starre Plankostenrechnung**
  Planung und Kontrolle der Vollkosten ohne Unterscheidung fixer und variabler Kosten
- **Flexible Plankostenrechnung**
  Planung und Kontrolle der Voll- und Teilkosten mit Berücksichtigung fixer und variabler Kosten
  - als Vollkostenrechnung
  - als Teilkostenrechnung (Grenzplankostenrechnung)

Formelkasten	
I STARRE PLANKOSTENRECHNUNG	
Verrechnungssatz	$\frac{\text{Plankosten}}{\text{Planbeschäftigung}}$
verrechnete Plankosten	Verrechnungssatz · Istbeschäftigung
Gesamtabweichung	Istkosten – verrechnete Plankosten
II FLEXIBLE PLANKOSTENRECHNUNG	
variabler Verrechnungssatz	$\frac{\text{variable Plankosten}}{\text{Planbeschäftigung}}$
Sollkosten	fixe Plankosten + variabler Verrechnungssatz · Istbeschäftigung
Verbrauchsabweichung	Istkosten – Sollkosten
Beschäftigungsabweichung	Sollkosten – verrechnete Plankosten
Variator	$\frac{\text{variable Plankosten einer Kostenart bei Planbeschäftigung}}{\text{gesamte Plankosten einer Kostenart bei Planbeschäftigung}}$

Vertiefungsaufgaben

Die Bose GmbH aus Chemnitz fertigt Getriebeteile für Zulieferbetriebe der Automobilindustrie. Das Unternehmen fertigt seine Produkte in zwei Fertigungshauptkostenstellen, der FHS I (Fertigungshalle mit hohem Lohnkostenanteil) und der FHS II (Maschinenplatz). Für das bevorstehende Planjahr legt das Controlling folgende Werte zugrunde:

Planwerte Bose GmbH				
Planbeschäftigung	**Fertigungsstunden: 20.000**		**Maschinenstunden: 5.000**	
Kostenart	**FHS I: Werkstatt**		**FHS II: Maschinenplatz**	
	Gesamtkosten (€)	**Variator**	**Gesamtkosten (€)**	**Variator**
Fertigungslöhne	250.000,00	1	12.000,00	1
Hilfslöhne	95.000,00	0,5	0,00	0
Hilfsstoffe	6.500,00	0,9	2.500,00	0,9
Betriebsstoffe	9.800,00	0,6	4.000,00	0,8
Energiekosten	18.000,00	0,8	30.000,00	0,9
Kalkulatorische Abschreibungen	75.000,00	0	112.000,00	0,7
Kalkulatorische Zinsen	38.000,00	0	65.000,00	0
Fremdinstandhaltung	6.000,00	0,3	14.000,00	0,8

1. Ermitteln Sie für beide Fertigungshauptkostenstellen für das Planjahr die gesamten, die fixen und die variablen Plankosten sowie den Plankostenverrechnungssatz und den variablen Plankostenverrechnungssatz.

2. Kalkulieren Sie den Barverkaufspreis für einen Kundenauftrag unter Beachtung folgender Angaben:

- Kosten für Fertigungsmaterial: 5.000,00 €
- MGK-Zuschlagssatz: 13 %
- Fertigungsstunden in der FHS I: 4,5
- Maschinenstunden in der FHS II: 2,5
- VwGK-Zuschlagssatz: 12 %
- VtGK-Zuschlagssatz: 14 %
- Gewinnzuschlagssatz: 8 %

3. Welchen Nutzen hat die Plankalkulation aus Aufgabe 2 für das betriebliche Controlling?

4. Folgende Istwerte liegen nach Ablauf des Planjahres vor:

- FHS I: Istbeschäftigung: 18.200 Fertigungsstunden, Istkosten: 473.385,00 €
- FHS II: Istbeschäftigung: 4.550 Maschinenstunden, Istkosten: 227.525 €

a) Ermitteln Sie für beide Kostenstellen die verrechneten Plankosten und die Gesamtabweichung.

b) Ermitteln Sie für beide Kostenstellen die Sollkosten, die Verbrauchsabweichung und die Beschäftigungsabweichung.

c) Stellen Sie Ihre Ergebnisse in zwei Grafiken dar, erläutern Sie Ihre Ergebnisse und leiten Sie begründete Schlussfolgerungen für die Bose GmbH ab.

Glossar

Abgrenzungsrechnung, rechnerische Abgrenzung der ⇒Kosten und ⇒Leistungen einer Abrechnungsperiode von den entsprechenden Aufwendungen und Erträgen der ⇒Fibu. Die technische Umsetzung kann mithilfe einer ⇒Ergebnistabelle erfolgen.

Abrechnungsperiode, Periode, für die alle ⇒Kosten und ⇒Leistungen erfasst werden, z.B. Tag, Monat, Quartal oder Geschäftsjahr.

Abschreibungen, periodisch erfasste Beträge, die den Wertverlust des Anlagevermögens erfassen. Abschreibungen werden sowohl in der ⇒Fibu als auch in abweichender Höhe in der ⇒KLR erfasst (⇒kalkulatorische Kosten).

Allokationseffekt, Differenz der Kalkulation von ⇒ Gemeinkosten mithilfe der ⇒ Prozesskostenrechnung gegenüber der ⇒ Zuschlagskalkulation, der darauf zurückzuführen ist, dass die Prozesskostenrechnung die Gemeinkosten verursachungsgerecht den betrieblichen ⇒ Prozessen zuordnet, während die Zuschlagskalkulation stets pauschale Zuschlagssätze ansetzt.

Anderskosten, ⇒kalkulatorische Kosten, denen in der ⇒Fibu ein Aufwand in anderer Höhe gegenüber steht, z.B. kalkulatorische ⇒Abschreibungen, kalkulatorische ⇒Zinsen, kalkulatorische Werkstoffkosten.

Äquivalenzziffernkalkulation, Verfahren der ⇒Kalkulation bei Sortenfertigung, bei denen die Produktionskosten der einzelnen Sorten in einem festen Verhältnis zueinander stehen.

BAB, *BAB I*, ⇒Betriebsabrechnungsbogen

BAB II, ⇒Kostenträgerblatt

Beschäftigung, Grad der Auslastung der betrieblichen ⇒Kapazitäten.

Beschäftigungsabweichung, Differenz aus Sollkosten und verrechneten Plankosten in der ⇒ Plankostenrechnung

Beschäftigungsgrad, $\frac{\text{tatsächliche Produktionsmenge}}{\text{Produktionskapazität}} \cdot 100$

Betriebsabrechnungsbogen, tabellarische Übersicht über die in einer Periode angefallenen ⇒Gemeinkosten in allen ⇒Kostenstellen des Betriebs zu Zwecken der Kontrolle und der Ermittlung von ⇒Kalkulationssätzen für die ⇒Kostenträgerrechnung.

Betriebsergebnis, Saldo der Ist-Selbstkosten und ⇒Leistungen einer ⇒Abrechnungsperiode.

Betriebsergebnisrechnung, periodische Gegenüberstellung der angefallenen ⇒Kosten und ⇒Leistungen zur Ermittlung des ⇒Betriebsergebnisses.

Break-even-Point, *Gewinnschwelle*, Punkt, in dem die Summe der Umsatzerlöse genau der Summe der Gesamtkosten entspricht. Ebenso entspricht im Break-even-Point die Summe der ⇒Deckungsbeiträge genau der Summe der ⇒fixen Kosten.

Cost Driver, ⇒Kostentreiber

Deckungsbeitrag, Beitrag zur Deckung der ⇒ fixen Kosten. Er errechnet sich aus der Differenz zwischen Umsatzerlösen und variablen Kosten.

Degressionseffekt, Differenz der Kalkulation von ⇒ Gemeinkosten mithilfe der ⇒ Prozesskostenrechnung gegenüber der ⇒ Zuschlagskalkulation, der darauf zurückzuführen ist, dass die Prozesskostenrechnung fixe Gemeinkosten bei steigender Stückzahl auf immer mehr Stück verteilt und die Stückkosten entsprechend sinken. Dieser Sachverhalt bleibt bei der ⇒ Zuschlagskalkulation unberücksichtigt.

Differenzkalkulation, ⇒Kalkulation, bei der ausgehend von einem vorgegebenen Marktpreis und von vorgegebenen Selbstkosten der Gewinnzuschlag berechnet wird.

Divisionskalkulation, einfache ⇒Kalkulation in Betrieben mit Massenproduktion, bei der im einfachsten Fall die Gesamtkosten durch die produzierte Stückzahl geteilt werden.

Einzelkosten, *direkte Kosten*, Kosten, die einem bestimmten ⇒Kostenträger direkt zugeordnet werden können. Gegenteil: ⇒Gemeinkosten

Engpass, knapper Produktionsfaktor, der die produzierbare Menge begrenzt.

Ergebnistabelle, tabellarische Darstellung der ⇒Abgrenzungsrechnung.

Fibu, Abkürzung für *Finanzbuchhaltung*.

fixe Kosten, Kosten, die unabhängig von der ⇒Beschäftigung des Betriebes und damit unabhängig von der Produktionsmenge sind. Gegenteil: ⇒variable Kosten

Gemeinkosten, *indirekte* ⇒Kosten, Kosten, die für mehrere ⇒Kostenträger gemeinsam anfallen und somit den einzelnen Kostenträgern nicht direkt zugeordnet werden können. Gegenteil: ⇒Einzelkosten

Gewinnschwelle, ⇒Break-even-Point

Hauptprozess, i.d.R. kostenstellenübergreifende Zusammenlegung von ⇒Teilprozessen.

Hauptprozesskostensatz, fester Betrag, der bei der einmaligen Durchführung eines ⇒Hauptprozesses anfällt und für die ⇒Kalkulation herangezogen wird.

indirekte Kostenstellen, ⇒Kostenstellen, die nicht unmittelbar an der Produktion beteiligt sind, wie z. B. Material, F&E, Verwaltung usw.

Ist-Kalkulationssatz, *Istkostensatz*, ⇒Kalkulationssatz zu ⇒Istkosten.

Istkosten, tatsächlich angefallene ⇒Kosten einer betrachteten ⇒Abrechnungsperiode.

Kalkulation, Berechnung der ⇒Kosten und der Verkaufspreise eines Kostenträgers.

Kalkulationssatz, pauschaler Satz, der für die ⇒Kalkulation der ⇒Gemeinkosten je ⇒Kostenträger benötigt wird. Man unterscheidet dabei den ⇒Zuschlagssatz und den ⇒Maschinenstundensatz.

kalkulatorische Kosten, Kosten, denen in der ⇒Fibu Aufwendungen in anderer Höhe oder gar keine Aufwendungen gegenüberstehen. Entsprechend werden sie als ⇒Anderskosten oder ⇒Zusatzkosten bezeichnet.

KLR, ⇒Kosten- und Leistungsrechnung

Komplexitätseffekt, Differenz der Berechnung von ⇒ Gemeinkosten mithilfe der ⇒ Prozesskostenkalkulation gegenüber der ⇒ Zuschlagskalkulation, der darauf zurückzuführen ist, dass die Gemeinkosten mit zunehmender Komplexität des zu fertigenden Produkts zunehmen. Dieser Sachverhalt bleibt bei der Zuschlagskalkulation unberücksichtigt.

Kosten, innerbetrieblich bewerteter Input an Produktionsfaktoren zur Erstellung betrieblicher Leistungen. Gegenteil: ⇒Leistungen

Kostenarten, Antwort auf die Frage, wie sich die ⇒Kosten zusammensetzen. Die Gliederung kann nach verschiedenen Kriterien erfolgen: a) nach Art der eingesetzten ⇒Produktionsfaktoren (Lohnkosten, Materialkosten, Kapitalkosten usw.); b) nach Zurechenbarkeit zum Kostenträger (⇒Einzel- und ⇒Gemeinkosten); c) nach Abhängigkeit von der Beschäftigung (⇒variable und ⇒fixe Kosten). Andere Gliederungen sind möglich.

Kostenartenplan, übersichtlich strukturierte Darstellung der ⇒Kostenarten eines Betriebes innerhalb einer ⇒Abrechnungsperiode. Die Gliederung kann nach unterschiedlichen Kriterien erfolgen.

Kostenstelle, abgegrenzter betrieblicher Bereich mit homogener Gemeinkostenstruktur. Dabei unterscheidet man Vorkostenstellen und Hauptkostenstellen, wobei die Vorkostenstellen noch einmal in allgemeine Kostenstellen und Hilfskostenstellen unterteilt werden.

Kostenstelleneinzelkosten, ⇒Gemeinkosten, die einer ⇒Kostenstelle eindeutig mithilfe von Belegen zugeordnet werden können.

Kostenstellengemeinkosten, ⇒Gemeinkosten, die auf mehre ⇒Kostenstellen mithilfe eines Verteilungsschlüssels verursachungsgerecht verteilt werden müssen.

Kostenträger, Auftrag, Produkt oder Produktgruppe, die ⇒Kosten verursacht.

Kostenträgerblatt, *BAB II*, tabellarische Übersicht, auf der die ⇒Kostenträgerzeitrechnung durchgeführt werden kann.

Kostenträgerstückrechnung, ⇒Kalkulation der Selbstkosten und der sich daraus ergebenden Verkaufspreise der einzelnen ⇒Kostenträger. Diese kann als Vor- oder Nachkalkulation erfolgen.

Kostenträgerzeitrechnung, rechnerische Erfassung der Kosten aller ⇒Kostenträger in einer Abrechnungsperiode. Werden diesen ⇒Kosten die entsprechenden Umsatzerlöse gegenübergestellt, so wird die Kostenträgerzeitrechnung zur ⇒Betriebsergebnisrechnung.

Kostentreiber, *Cost Driver*, Bezugsgröße eines ⇒leistungsmengeninduzierten Teilprozesses, der dessen ⇒Teilprozesskosten in die Höhe treibt (z. B. Anzahl der Angebote beim Teilprozess „Angebote einholen").

Kosten- und Leistungsrechnung, *KLR*, Teilbereich des Rechnungswesens, der für die innerbetriebliche Planung, Steuerung und Kontrolle zuständig ist. Je nach Betrieb stellt sie einen wichtigen Bereich des Controllings dar oder wird damit gleichgesetzt.

Kuppelkalkulation, Verfahren der ⇒Kalkulation bei Verbundfertigung, bei der die Mengen der einzelnen Produkte in einem unveränderbaren Verhältnis zueinander stehen, vor allem in der chemischen Industrie und der Stahlindustrie.

Leistungen, betrieblicher Output wie z. B. Umsatzerlöse, Lagerleistungen oder aktivierte Eigenleistungen. Gegenteil: ⇒ Kosten

Leistungsmengeninduzierter (lmi) Teilprozess, ⇒Teilprozess, dessen ⇒Teilprozesskosten vom Leistungsoutput einer ⇒Kostenstelle abhängig sind.

Leistungsmengenneutraler (lmn) Teilprozess, ⇒Teilprozess, dessen ⇒Teilprozesskosten vom Leistungsoutput einer ⇒Kostenstelle unabhängig sind.

Maschinenstundensatz, konkreter Betrag, der sämtliche ⇒Gemeinkosten einer Maschine pro Stunde erfasst.

mehrstufige Deckungsbeitragsrechnung, Verfahren zur Berechnung des ⇒Deckungsbeitrags in Stufen, bei dem die ⇒Fixkosten zerlegt und so genau wie möglich den einzelnen Produkten bzw. Produktgruppen zugeordnet werden.

Normal-Kalkulationssatz, *Normalkostensatz*, ⇒Kalkulationssatz zu ⇒Normalkosten.

Normalkosten, ⇒Kosten, die auf Grundlage von Durchschnittswerten vergangener ⇒Abrechnungsperioden veranschlagt werden.

Opportunitätskosten, ⇒Kosten der entgangenen Alternative.

Plankostenrechnung, Planung zukünftiger Kosten auf Grundlage erwarteter Preisentwicklungen. Die Plankostenrechnung liefert damit Vorgabewerte zur Orientierung und umfasst auch die Analyse von Plan-Ist-Abweichungen nach Ablauf der Planperiode.

Plankostenverrechnungssatz, Eurobetrag, der die Kosten einer Kostenstelle je Beschäftigungseinheit ausdrückt.

Produktionsengpass, ⇒Engpass

Produktionsfaktoren, Faktoren die zur Produktion erforderlich sind, vor allem Arbeit, Werkstoffe und Betriebsmittel.

Produktionskapazität, technisch maximal mögliche Produktionsmenge in einer Periode

Prozess, zielgerichtete Abfolge von Tätigkeiten. Man unterscheidet ⇒Teilprozesse und ⇒Hauptprozesse.

Prozesskoeffizient, dieser drückt aus, wie häufig ein ⇒Teilprozess für einen ⇒Hauptprozess erforderlich ist.

Prozesskosten, ⇒Kosten, die ein betrieblicher ⇒Teilprozess bzw. ⇒Hauptprozess verursacht.

Prozesskostenrechnung, Verfahren zur präzisen ⇒Kalkulation von ⇒Prozesskosten vorrangig ⇒indirekter ⇒Kostenstellen.

relativer Deckungsbeitrag, ⇒Deckungsbeitrag je Engpasseinheit.

Rückwärtskalkulation, ⇒Kalkulation, bei der ausgehend von einem vorgegebenen Marktpreis und einem vorgegebenen Gewinnzuschlag die Höhe der Materialkosten bzw. Fertigungskosten berechnet wird.

Selbstkosten, Gesamtheit der Kosten, die mit der Herstellung und Vermarktung von einem oder mehreren ⇒Kostenträgern verbunden sind.

Sondereinzelkosten, ⇒Einzelkosten, die neben den Kosten für Fertigungsmaterial und -löhnen den ⇒Kostenträgern direkt zugeordnet werden können. Sie werden nicht in die ⇒Kostenstellenrechnung einbezogen. Man unterscheidet Sondereinzelkosten der Fertigung und des Vertriebs.

Target Costing, ⇒Zielkostenrechnung

Teilkostenrechnung, *Deckungsbeitragsrechnung*, System der Kostenrechnung, welches für erforderliche Entscheidungen kurzfristig nur die ⇒variablen Kosten berücksichtigt und dabei die ⇒fixen Kosten außer Acht lässt.

Teilprozess, ⇒wichtiger, dauerhaft anfallender Prozess innerhalb einer Kostenstelle. Teilprozesse werden i. d. R. zu einem ⇒Hauptprozess zusammengefasst. Man unterscheidet ⇒leistungsmengeninduzierte und ⇒leistungsmengenneutrale Teilprozesse.

Teilprozesskostensatz, fester Betrag, der bei der einmaligen Durchführung eines ⇒Teilprozesses anfällt.

Umsatzergebnis, Saldo der Normal-Selbstkosten und ⇒ Leistungen einer Abrechnungsperiode.

variable Kosten: Kosten, die abhängig von der ⇒Beschäftigung bzw. Produktionsmenge sind. Gegenteil: ⇒fixe Kosten

Variator, Kennziffer, die je Kostenart für eine bestimmte Planbeschäftigung das Verhältnis variabler Kosten zu Gesamtkosten ausdrückt.

Verbrauchsabweichung, Differenz aus Istkosten und Sollkosten in der ⇒ Plankostenrechnung

Verrechnungssatz, ⇒Plankostenverrechnungssatz

Vollkostenrechnung, System der Kostenrechnung, welches sämtliche ⇒Kosten auf alle ⇒Kostenträger verrechnet. Gegenteil: ⇒Teilkostenrechnung

Vorwärtskalkulation, ⇒Kalkulation, bei der schrittweise der Listenverkaufspreis ermittelt wird.

Zusatzauftrag, unerwarteter Auftrag, der zu einem Verkaufspreis angenommen werden könnte, der unterhalb des regulären Verkaufspreises liegt. Die Entscheidung über die Annahme hängt davon ab, ob ein positiver ⇒Deckungsbeitrag zu erwarten ist.

Zusatzkosten, ⇒kalkulatorische Kosten denen in der ⇒Fibu kein Aufwand gegenüber steht, z. B. kalkulatorischer Unternehmerlohn und kalkulatorische Miete.

Zuschlagskalkulation: Kalkulation der Kosten bzw. der Verkaufspreise eines ⇒Kostenträgers mithilfe von ⇒Zuschlagssätzen.

Zuschlagssatz, prozentualer ⇒Kalkulationssatz zur Verrechnung von Gemeinkosten auf die einzelnen ⇒Kostenträger. Zuschlagssätze können mithilfe des ⇒BAB für jede ⇒Kostenstelle ermittelt werden. Im einfachsten Fall unterscheidet man Material-, Fertigungs-, Verwaltungs- und Vertriebsgemeinkostenzuschlagssätze.

Zielkostenrechnung, *target costing*, marktorientierte Kostenrechnung, die nicht fragt, was ein Produkt kosten wird, sondern was es höchstens kosten darf. Die Berechnung erfolgt in zwei Schritten: Zunächst wird von einem erzielbaren Preis (target price) ein bestimmter Zielgewinn (target profit) abgezogen. Übrig bleiben die Zielkosten (target costs), die eine Kostenvorgabe darstellen und auf die einzelnen Produktkomponenten heruntergebrochen werden. Die Zielkostenrechnung findet bereits in der Phase der Produkt- bzw. Prozessgestaltung unter Mitwirkung aller betroffenen Fachleute statt.

Kann-Liste

Ich kann ...	Bitte ankreuzen! Ja	Nein	wenn Nein, siehe Seite(n)
Grundlagen			
... typische Kostenstellen eines Industriebetriebs beschreiben.	☐	☐	6 ff.
... den Zusammenhang zwischen betrieblichen Funktionen (Abteilungen) und betrieblichen Kostenstellen erläutern.	☐	☐	6 ff.
... Ziele und Aufgaben der Kosten- und Leistungsrechnung (KLR) von denen der Finanzbuchhaltung (Fibu) abgrenzen.	☐	☐	8
Kostenartenrechnung			
... die Ziele und die Leitfrage der Kostenartenrechnung erläutern.	☐	☐	24
... die Arten neutraler Aufwendungen und Erträge unterscheiden.	☐	☐	12
... begründen, warum neutrale Aufwendungen und Erträge nicht in die KLR übernommen werden.	☐	☐	12
... Grundkosten, Anderskosten und Zusatzkosten unterscheiden.	☐	☐	14 f., 24 f.
... kalkulatorische Abschreibungen und kalkulatorische Zinsen ermitteln.	☐	☐	14 f.
... die Arten kalkulatorischer Kosten unterscheiden.	☐	☐	14 f., 24 f.
... eine Ergebnistabelle erstellen und erläutern.	☐	☐	19
... mithilfe der Ergebnistabelle einen Kostenartenplan erstellen und erläutern.	☐	☐	21 f.
... den Unterschied zwischen Einzel- und Gemeinkosten erklären.	☐	☐	21
... die Struktur und Entwicklung von Kosten grafisch darstellen und analysieren.	☐	☐	23
Kostenstellenrechnung			
... die Ziele und die Leitfrage der Kostenstellenrechnung erläutern.	☐	☐	40
... die Gemeinkosten aus dem Kostenartenplan auf die Kostenstellen im Betriebsabrechnungsbogen (BAB I) verteilen und die Ergebnisse erläutern.	☐	☐	34
... die Gemeinkosten der allgemeinen Kostenstellen sowie der Hilfskostenstellen auf die Hauptkostenstellen im Betriebsabrechnungsbogen (BAB I) umlegen und die Ergebnisse erläutern.	☐	☐	35
... Kalkulationssätze (Zuschlagssätze und Maschinenstundensätze) für die Verkaufspreiskalkulation ermitteln und erläutern.	☐	☐	36 f.
... einen modernen industriellen Betriebsabrechnungsbogen (BAB I) mit Maschinenplätzen erläutern und interpretieren.	☐	☐	33 ff.
... Normalkostensätze für die Verkaufspreiskalkulation ermitteln und erläutern.	☐	☐	39
Kostenträgerrechnung als Vollkostenrechnung			
... die Ziele und die Leitfrage der Kostenträgerrechnung als Vollkostenrechnung erläutern.	☐	☐	68
... eine Preiskalkulation mit Zuschlagssätzen und Maschinenstundensätzen erstellen und erläutern (Vorwärtskalkulation).	☐	☐	52 f.
... bei vorgegebenen Listenverkaufspreisen den verbleibenden Gewinn absolut und relativ ermitteln (Differenzkalkulation).	☐	☐	58
... eine Nachkalkulation erstellen und auswerten.	☐	☐	64
... das Umsatzergebnis sowie das Betriebsergebnis im Kostenträgerblatt (BAB II) ermitteln und analysieren.	☐	☐	67
... Kostenunter- und -überdeckungen im Kostenträgerblatt (BAB II) ermitteln und erklären.	☐	☐	67
... die Zuschlagskalkulation, Divisionskalkulation, Äquivalenzziffernkalkulation und Kuppelkalkulation einordnen und erläutern.	☐	☐	68 f.

Ich kann ...	Bitte ankreuzen! Ja	Nein	wenn Nein: siehe Seite(n)
Kostenträgerrechnung als Teilkostenrechnung			
... die Ziele und Leitfragen der Teilkostenrechnung erläutern.	☐	☐	88
... den Unterschied zwischen variablen und fixen Kosten erklären.	☐	☐	79
... die kurzfristige Preisuntergrenze ermitteln und erläutern.	☐	☐	79
... Deckungsbeiträge in Euro und Prozent ermitteln und erläutern.	☐	☐	79
... Zusammenhänge zwischen der Voll- und der Teilkostenrechnung aufzeigen.	☐	☐	78 f.
... das Betriebsergebnis mithilfe der ein- und der mehrstufigen Deckungsbeitragsrechnung ermitteln und erläutern.	☐	☐	81
... die Gewinnschwelle („Break-Even-Point") tabellarisch, grafisch und mathematisch ermitteln und erläutern.	☐	☐	83
... das optimale Produktionsprogramm mithilfe der relativen Deckungsbeiträge ermitteln und erläutern.	☐	☐	85
... mithilfe der relativen Deckungsbeiträge eine Entscheidung für Eigenfertigung oder Fremdbezug herleiten.	☐	☐	87
... den Beschäftigungsgrad und die liquiditätsorientierte Preisuntergrenze ermitteln und erläutern.	☐	☐	88 f.
Prozesskostenrechnung			
... die Ziele und die Leitfrage der Prozesskostenrechnung erläutern.	☐	☐	105
... die Kosten von Teilprozessen ermitteln.	☐	☐	96 f.
... leistungsmengeninduzierte (lmi) und leistungsmengenneutrale (lmn) Teilprozesse unterscheiden und erläutern.	☐	☐	97
... die Kostentreiber leistungsmengeninduzierter Teilprozesse begründen.	☐	☐	97
... Teilprozesskostensätze berechnen und erläutern.	☐	☐	99
... Hauptprozesskostensätze berechnen und erläutern.	☐	☐	101 f.
... Verkaufspreise mit Hauptprozesskostensätzen kalkulieren und erläutern.	☐	☐	104
... den Allokationseffekt ermitteln und erläutern.	☐	☐	104
... den Degressionseffekt und den Komplexitätseffekt beschreiben.	☐	☐	104
... die Einsatzgebiete der Prozesskostenrechnung beschreiben und begründen.	☐	☐	96, 105
Plankostenrechnung			
... die Ziele und die Leitfrage der Plankostenrechnung erläutern.	☐	☐	120
... Einzelkosten mithilfe des Produktionsprogramms planen.	☐	☐	111
... Einzel- und Gemeinkosten kostenstellenbezogen planen.	☐	☐	113
... den einfachen und den variablen Plankostenverrechnungssatz ermitteln.	☐	☐	113
... den Variator je Kostenart berechnen und erläutern.	☐	☐	113
... eine Plankalkulation erstellen und erläutern.	☐	☐	115
... den Unterschied zwischen der Plankostenrechnung zu Vollkosten und der Grenzplankostenrechnung beschreiben.	☐	☐	115
... den Unterschied zwischen starrer und flexibler Plankostenrechnung erläutern.	☐	☐	118 f.
... die verrechneten Plankosten und die Gesamtabweichung im Rahmen der starren Plankostenrechnung ermitteln und erläutern.	☐	☐	118
... die Sollkosten, die Verbrauchs- und die Beschäftigungsabweichung im Rahmen der flexiblen Plankostenrechnung ermitteln und erläutern.	☐	☐	119
... betriebliche Schlussfolgerungen aus den Verbrauchs- und Beschäftigungsabweichungen ableiten.	☐	☐	119

Sachwortverzeichnis

Quellenverzeichnis

Bildquellenverzeichnis

Umschlagfoto: iStockphoto.com, Calgary (shironosov)
Angelika Brauner, Hohenpeißenberg/Bildungsverlag EINS, Köln: 6_2
fotolia.com, New York: 107_1 (Minerva Studio)
HOMAG Bohrsysteme GmbH, Herzenbrock-Clarholz: 7_2
MEV Verlag GmbH, Augsburg: 6_1, 76_1, 95_1
shutterstock.com, New York: 7_1 (mavo), 8_1 (stockfour), 16_1 (Photo by ToRz), 23_1 (EM Karuna), 30_1 (Magnetic Mcc), 92_1 (EM Karuna)

Literaturverzeichnis

Däumler, K. D.; Grabe, J.: Kostenrechnung 1, 11. vollständig überarbeitete Auflage, Herne 2013
Däumler, K. D.; Grabe, J.: Kostenrechnung 3, 8. vollständig überarbeitete Auflage, Herne 2009
Deimel, Klaus u.a.: Kosten- und Erlösrechnung, München, 2006
Götze, Uwe: Kostenrechnung und Kostenmanagement, 5. verb. Auflage, Heidelberg 2010
Herold C., Herold, M: Selbstorientiertes Lernen in Schule und Beruf, Weinheim 2010
Holland, H.; Reimers, J.: Kosten- und Leistungsrechnung, 14. Auflage, Bad Homburg, 1998
Josse, German: Basiswissen Kostenrechnung, 6. überarbeitete Auflage, München, 2011
Kalenberg, Frank: Grundlagen der Kostenrechnung, 3. Auflage, München, 2013
Langenbeck, J.: Kosten- und Leistungsrechnung, 2. vollständig überarbeitete Auflage, Herne 2011
Olfert, K.: Kostenrechnung, 17. verbesserte und aktualisierte Auflage, Herne 2013
Rollwage, Nikolaus: Kosten- und Leistungsrechnung, 9. überarbeitete Auflage, Köln, 2012
Schmidt, Andreas: Kostenrechnung, 6. ergänzte und aktualisierte Auflage, Stuttgart, 2011
Stahl, Hans-Werner: Schnelleinstieg Kostenrechnung, Haufe Mediengruppe, München, 2006

